ブッダに学ぶほんとうの禅語

アルボムッレ・スマナサーラ

アルタープレス

本書について

ブッダの教えで禅語を読み解く

本書は、一般にもよく知られる数々の「禅語」に対して、テーラワーダ仏教の僧侶であるアルボムッレ・スマナサーラ長老が、「禅問答」風のスタイルで解説を施したものです。

六世紀頃に中国へやって来たという伝説的なインド僧・達磨《だるま》（ボーディ・ダルマ）を開祖に位置づける禅宗と、ブッダの教えを古来忠実に伝えてきたテーラワーダ仏教はその歴史も伝統も異なりますが、本書ではあえて、テーラワーダ仏教的な観点から「禅語」を捉え直し、一見謎めいたそれらの言葉を、できるだけ明快かつ論理的に解釈することをめざしました。

現代の仏教は、歴史的な流れからみると、チベットや中国、日本を中心として広まった大乗《だいじょう》仏教（禅宗はこの中に含まれます）と、東南アジアやスリランカを中心とするテーラワーダ仏教に大きく二分されます。上座部《じょうざぶ》仏教、上座仏教、初期仏教などとも呼ばれるテーラワーダ仏教は、約二千六百年前のブッダの時代に遡る初期経典（パーリ語聖典）にもとづいた実践体系であり、現存する仏教ではブッダの教えに最も忠実とされます。近年はテーラワーダ仏教の修行法であるヴィパッサナー瞑想（マインドフルネス）の広まりを通じて、日本でも注目を集めています。

一方、「禅」とは、サンスクリット語の「ディヤーナ」の音写である「禅那《ぜんな》」の略で、身心を統一して瞑想すること、すなわち坐禅をさし、「禅定《ぜんじょう》」とも表現されます。そして、仏教の中でこの禅を重んじる宗派が禅宗です。禅宗が宗派として確立したのは七世紀以降で、中国では臨済宗《りんざいしゅう》、曹洞宗《そうとうしゅう》などのいくつかの流派を生じながら発達し、十二世紀頃からは日本へも本格的に伝えられました。その際、臨済宗の中心になったのが栄《よう》西《さい》（一一四一〜一二一五年）、曹洞宗の中心になったのが道元《どうげん》（一二〇〇〜一二五三年）で、日本ではこの二宗が禅宗の主流になり、現在に至っています。

禅の精神は日本文化のいたるところに浸透しており、中でも、名僧たちの言葉や詩句、あるいは経典の名句、あるいは「公案《こうあん》」と呼ばれる禅問答の問題に由来する「禅語」は、日常生活の指針や人生訓として、現在ますますさかんに親しまれるようになっています。しかし、あいまいさを豊かに含んだ表現様式から、多義的な解釈が可能となる「禅語」は、ともすると本来の仏教の教えからかけ離れた意味に捉えられてしまうことも少なくありません。

テーラワーダ仏教の僧侶であり、日本において道元の研究に携わった経験のあるスマナサーラ長老の見識を総合した「禅語」の新しい解釈は、誤解されがちな禅の言葉や禅僧たちの禅問答の奥から、ゴータマ・ブッダその人の言葉と教えの核心を学び取る試みでもあります。

（編集部）

注：本書における「禅語」について

禅門では、先師方が編んだ『禅林句集』に所収の言葉を「禅語」と呼ぶのが通例のようですが、本書では、禅語を「禅にまつわる言葉」「禅の教えに通じる言葉」という、より広い意味にとって紹介しています。

目次

三　禅語からブッダの言葉へ

墨書　垂見麗琇
聞き手　編集部

ブッダに学ぶ　ほんとうの禅語

はじめに

禅とテーラワーダ仏教

――今回は、日本人に馴染み深い「禅」をテーマにして、禅の言葉を使ってスマナサーラ長老に仏教の真髄を教えてもらう、という本を作りたいと思っています。

最近たまたま読んだ禅の本に、山田無文《むもん》（一九〇〇～一九八八年）という有名な臨《りん》済宗《ざいしゅう》の老師が「禅語というて特別なものがあるわけではない。わしならば聖書でも毛沢東語録でも提唱《ていしょう》（禅の講義、説法）に使える」と豪語した言葉が引かれていました。実際に、禅語と呼ばれるようなものは仏典以外を出典とするものが多いそうです。つまり、仏典以外のものも禅の視点で解釈して禅語にしてしまうということがあるようなんですが、そうであるならば、長老に初期仏教の視点で禅語を提唱していただくということも面白いのではないかと思った次第です。

なるほど。でも、そんなふうにうまく行きますかねぇ……。とりあえずやってみましょうか。

禅もテーラワーダも「悟り」を強調する点は同じ

――最初に、スマナサーラ長老が禅語というものをどのように捉えていらっしゃるのかお聞きしたいと思っております。長老は大乗仏教についてケチョンケチョンに貶すことが多いですが、道元《どうげん》禅師（日本曹洞宗《そうとうしゅう》の祖。一二〇〇～一二五三年）をはじめとして禅の老師の言葉を時折、法話などでも使われておりますし、禅仏教にかぎってはかなり好意的に受け取られているように思います。そのあたりのことは、どうお考えでしょうか？

私は、禅仏教は私たちがやっている初期仏教、テーラワーダ仏教と同じものなのかな、というふうに見ています。禅宗のしきたりや習慣などを見てもそんなに驚かないし、ごく普通に自然に映るんです。もっとも、タイ、ミャンマー、スリランカなどのテーラワーダ仏教の国々の人から見ると驚くところもあるかもしれませんが、みんなが驚くポイントというのは、文化という衣装の部分なんですね。

文化というのは人間が被っている衣装です。衣装がなければ人前に出られないでしょ？　衣装なしにいられるのはお風呂場ぐらいですね。ですから、衣装を見て驚いてしまうんですね。もっとも、どんな衣装を着ても、中にいるのは人間ですが。

そうやって、禅という衣装で驚く、テーラワーダという衣装で驚くということはあります。

テーラワーダ仏教はもう二千五百年以上の古い歴史がありますから、衣装はしっかりしています。禅もかなり古い伝統を持っています。そして、文化を脱いで衣装の中にいる人間を見れば、ブッダの教え、心についての教えや人間の心の悩み苦しみというのは、衣装を変えたからといって変わるものではありません。

たとえば、子供が言うことを聞かない。それでお父さんが衣装を変えようとして、お母さんと着ている服を交換したからといって、子供が言うことを聞いてくれるようになるわけではないでしょ？

禅宗とテーラワーダ仏教の共通するところは、解脱《げだつ》・涅槃《ねはん》・悟りということをすごく強調するところです。とはいっても、禅にしてもテーラワーダ仏教にしても、いろいろなアプローチで社会の中に入り込む。たとえば禅文化というものがありますよね。日本文化といえば、ほとんど禅寺で出来上がったものと言ってもいいでしょう。茶道にしても華道にしてもいろんなものが禅をルーツにしている。日本の舞踊にしても何らかの仏教の影響があるし、手の仕草など微妙に気をつけて行うところも、やはりそれは禅の思想から来ているものなんです。

仏教は西洋の俗世間的な価値観を否定する

禅とテーラワーダは、解脱をめざして俗世間とは関係ないことを教えていながら、知らないうちに日常生活の中にスーッと入っていく、というところも共通していると思います。

テーラワーダ仏教の国々では、仏教なしには人間は生きてはいられないというところまで、日常生活の中に仏教が入っているんです。かといって、一般人が解脱をめざして修行している、というわけではない。みんな日常生活に忙しくて、仏教の究極の真理を誰もが理解しているということではない。そういうことに挑戦するというのもなかなかできないし、かといって、そういう一般の人々を除け者にすることはしないで、「あなた方にしても、仏教なしには生きていられないよ」というところまで、仏教が社会の中に戻っていく。テーラワーダ仏教の教えは、きれいさっぱり社会から離れている、いわゆる出世間《しゅっせけん》の教えなんですが、社会は仏教の教えがないと生きていられないんです。

太陽は地球から遠く離れたところにある、おっかない存在です。しかし、太陽なしに地球の生命は生きていられません。かといって、われわれは太陽のあのすごい迫力を知らないし、持ち帰ることもできないんです。

そういう感じで、禅宗の教えも、テーラワーダの教えも、人間にとってなくてはならないものというふうにして社会に入っているんですね。

現代社会になってくると、西洋の俗世間的な価値観だけを教えるようになっています。よく食べて、よく遊んで、美しくおしゃれをして、社会で競争して立場を作って、それから死んでしまえばいいという、シンプルな価値観で生きることが常識になっています。西洋の価値観というのは、樹木を枯らす害虫のように、地球を食って食って食いまくって破壊する、「オレさえ生きていられればいい。金さえ儲けられればいい」ということなんです。

でもわれわれは、短い六十年七十年の人生でくたびれ果てて、しまいには何もできなくなって死んでしまう。そういう、生きることの本当の姿というのは、あまりハイライトしない。「この地球の上に仮に住んでいるだけなんだよ。ただほんの一時期借りたものなんだから、みんなと仲良く共有して、誰にも迷惑をかけないで自分が得るものを得て、地球と環境と社会に返すものはちゃんと返して、美しく空気のように生きよう」ということは、西洋的な思考にはありません。

しかし、そういう価値観、そういう生き方を仏教は提案しています。それは現代では崩れているんですが、「そんなふうにわれわれが負けても良いのか」と言いたいんです。

「負ける」という言葉は汚いんですが、逆に、「地球に住むあなた方はこれを学んで下さい。これであなたがたの問題はすべて解決するんですよ」と堂々と言えるプライドを持ってほしいんです。価値観の問題、宗教の争い、テロや自然破壊や政治的な問題とか、それらは生命全体を愛するという仏教の教えによって解決するんです。

ちょっと脱線しましたけど、禅とテーラワーダはお互い文化的な衣装は違いますが、個人的には、中身はほとんど同じなのではないかなと思っています。

テーラワーダの強みはテキストがしっかりしていること

——ちょっと仏教の教理学的なところに入りますが、禅では「解脱」のことを「悟り（覚り）」と言ったり「見性《けんしょう》」と言ったりしますよね。テーラワーダ仏教の場合はわりとシステム的に、預流果《よるか》・一来果《いちらいか》・不還果《ふげんか》・阿羅漢果《あらかんか》という四段階（四沙門果《しゃもんか》）をへて完全な解脱に到達すると教えますが、禅の場合には「一直線に頓悟《とんご》をするんだ」とか、「いや、やっぱり徐々に修行しながら悟る（漸悟《ぜんご》する）んだ」という話があって、その二つの間で論争があったりして、衣装というよりは本質的な部分で違うところもあるのでは、という気もするんですが、いかがでしょうか？

簡単に言うと、禅宗にはテキスト（根幹となる聖典）がなかったんですね。テーラワーダの強みはテキストがしっかりあることです。ここでテキストというのは解脱に達する道を理論的に示したお釈迦様の指導をまとめた経典です。大乗経典は後世、そのお釈迦様の指導を否定する立場で創作されたものですから、当然、それに依拠して頑張っても解脱というゴールには達しません。その大乗経典を重視した中国仏教では、具体的に仏道を実践することは措いて、延々と形而上学的な議論を積み重ねることが主流になったんです。

そういう背景のもとで、「仏教とは、議論をたたかわす戦場ではなく、直に解脱をめざすことだ」という禅宗が起こったんです。達磨《だるま》大師の「面壁九年《めんぺきくねん》」は、禅のポリシーを象徴したエピソードです。要するに、「仏教というのはゴチャゴチャした学問ではなく、個々人の心の問題なんだ」と言いたかったんです。

そもそも仏教の真髄というのは、言葉であらわせるものではありません。解脱・涅槃というのは言葉であらわせるものではない。だから、達磨大師は壁に向かって九年間、ただ黙って坐っていたんだと。「面壁九年」のエピソードで訴えたいポイントは全くその通りなんですが、「では、弟子も黙って坐っていれば悟りますか？」という問題が出てくるんです。
やはり仏道を完成するためには、お釈迦様のマニュアルが必須なんです。
それがなかったから、禅宗はかなり苦労しているんです。

一　悟りの響き

不立文字【ふりゅうもんじ】

俗世間的な知識だけではいつまでたっても心は成長しない

――禅といえば、「不立文字《ふりゅうもんじ》」という言葉が有名です。「本当に大切なことは文字や言葉では表現できない」という意味によくとられますが、そういう理解でよいのでしょうか？

たしかに禅には「不立文字」というフレーズがありますが、実際には禅のお坊さんたちはみんなすごい学者です。よく勉強する。

でも、本当の仏教には、そうやって知識として勉強する学識は関係ないんです。

学識は俗世間的なもので、「金をいくら持っているのか」「土地をどれくらいもっているのか」ということと、「知識をどれくらい持っているのか」ということは、同じなんです。同じように俗世間的なことに過ぎません。

「不立文字」という禅語は、「仏教の本質はそれではない」と言っているんです。人格向上というのは、金や知識のように計算することができないものでしょ？　人間にできるのは「いい人間ですね」と言うことぐらいなんです。どこまでいい人間なのかということを評価する基準は存在しない。

不立文字と言うわりに、禅宗の修行者たちは、「どう坐ればいいのか」「どう坐禅を組めばいいのか」というガイドラインを探しているんです。ところが、あいにく身の回りにあるのはすべて大乗経典だった。たとえば、『華厳経《けごんきょう》』といった、お釈迦様の仏教には全く関係のない文献。あるいは、私から見れば全く非仏教的で、仏教を破壊するために作ったのではないかと思えるような『法華経《ほけきょう》』。そういう大乗経典を読みながら勉強しても、解脱《げだつ》に達しようと頑張っても、一貫性を持ったしっかりしたシステムにはならないんです。

日本の歴史の中で、第一にあげるべき真面目で立派なお坊さんといえば道元禅師だと思いますが、本人もいろいろとテキストを探しています。しかし、もともと『法華経』を重んじる天台宗で出家した方でしたので、『正法眼蔵《しょうぼうげんぞう》』（道元の主著）の中でも、『法華経』を参照する回数がかなり多いんです。私はそれで「やれやれ」と思ったものです。

だからといって、道元禅師が大変尊い方であることに変わりはありません。それは何の疑いの余地もない事実です。しかし、テキストがなかったから、要するにお釈迦様の教えをしっかりと記録した初期経典を読むことができなかったから、そこでいろいろと問題が生じている。それだけのことですね。

たとえば現代に、私が駒澤大学で勉強していたときでも、大学では一般人向けに坐禅会をやっていました。私も何回か参加したことがあります。それで、坐禅を組んでから法話をするときは、曹洞宗のお坊さんたちも結局みんなパーリ経典を使って説法をする。中村元先生の日本語訳でね。坐禅会でも、「今日は『正法眼蔵』のこのくだりを勉強しましょう」ということにはならないんです。

そこからも見えるのは、やはりテキストがないということです。

道元禅師にも『普勧坐禅儀《ふかんざぜんぎ》』という坐禅のやり方を書いた文章があることはあるんですが、主著である『正法眼蔵』をいくら噛み砕いて読んでも、「このように瞑想すべき」

という箇所は見当たらないんです。

教外別伝《きょうげべつでん》、不立文字《ふりゅうもんじ》。
――『祖庭事苑《そていじえん》』巻五

◉禅のエッセンスは、書物ではなく体験によって特別に伝えられるものであり、文字や言葉で表現することはできない。

坐禅【ざぜん】

ただ足を組むことだけが修行なのではない

――禅宗という場合、やはり基本は坐禅ということになると思います。坐禅とテーラワーダの瞑想とはスタイルや方法論が若干違うと思いますが、しかし、本質は同じと考えてよいのでしょうか？

いわゆる坐禅のルーツは、歴史的にはアーリア人の侵略以前からインドにあった、古い宗教にあると思います。インドは椅子などの坐る家具がない文化ですから、昔は誰だって床に坐る。今でもミャンマーなどへ行くと、家に椅子がありません。みんな当たり前に床に坐る。

床に坐る場合、家の中がすごく清潔でないといけません。埃などが落ちていたらすごく目立ちますから、床に坐って生活すると、いつでも身の回りを清潔に保っておくということになる。また、坐る場合には、足を組んで坐るほうが長く坐れますから、そういう背景もあったと思います。それから、修行者は樹の下で坐るという伝統も古代インドからあったんです。

しかし、実際にお釈迦様の教えを見ると、坐禅こそが、坐って瞑想することこそが修行だという考え方はないんです。仏典の中で坐禅を強調する場合は、特別に精神を集中する瞑想の場合です。特別に心を育てるために、五感の情報に頼った心の次元を破るために瞑想する場合は、必ず坐って瞑想しなくてはいけない。

そうではなくて、悟りの智慧を開発する場合は、普通の現象の流れを観察する。現象を観察する場合は、坐っていようが、横になっていようが、関係ないんです。

しかし、水の中に住む魚たちが「陸地なんてありえない」と思っているような認識の限界、われわれの認識の次元を破るためには、あえて坐禅して禅定《ぜんじょう》という精神状態を作らなければならないんです。

坐禅は習禅《しゅうぜん》にあらず。
唯《ただ》是《これ》安楽《あんらく》の法門《ほうもん》なり。

——道元《どうげん》『普勧坐禅儀《ふかんざぜんぎ》』

◉坐禅は禅定に習熟することではない。ただそれは安楽の教えである。

禅宗でも、坐禅、坐禅と強調しているわりには、「坐ることだけが修行だ」とは言っていないんです。作務《さむ》（農作業、清掃などの作業）も修行なんです。料理を作ることも修行なんです。後片付けも修行なんです。すべて修行なんです。

たとえば禅寺では庭園や石庭などを、ものすごくきれいに作るでしょ？　あれも修行なんです。全く形が異なった、一見して何の美しさもない品物を持ってきて、あちこちに配置して、調和の世界を見せてくれるというのは、相当な能力です。もし禅定のような力がなければ、森羅万象を一つに見る力がなければ、どこかから石を一つ持ってきて、庭にポンと置くだけで素晴らしい作品を作ることはできないんです。

――たしかに、禅語にも「歩歩《ほほ》是《これ》道場《どうじょう》」というのがあって、道場を探し求めている弟子が「あなたが歩いている一歩一歩が道場なんだよ」と言われたという話があります。また、日本の白隠《はくいん》禅師（江戸時代の禅僧で、臨済宗中興の祖。一六八五～一七六八年）の有名な言葉に「動中の工夫は静中《じょうちゅう》に勝ること百千億倍す」というのがあって、つまり、「坐禅というとじっと坐っていることだと思われているけれども、われわれが日常の中で行う自己観察のほうがよほど大事なんだ」とあえて強調しています。

だから、足を組むことだけが坐禅修行だと思っているのは俗世間の思考ですよ。俗世間が修行のやり方を決めて、「足を組みなさい」「坐れ」となっている。

しかし、それは俗世間の見方であって、仏教の側から見れば、瞬間、瞬間、生きているんだから、そちらに修行がないといけないんです。

修証一等【しゅしょういっとう】

悟りの境地から見たら、すべての現象は同じ

――禅宗の中で曹洞宗の場合は、よく「修証一等《しゅしょういっとう》」とか「修証一如《いちにょ》」などといって、「坐っていれば、それがすなわち悟りである」というようなことも言われますが、これについてはどうお考えでしょうか？

それは道元禅師の教えではないんです。『弁道話《べんどうわ》』に一言出てくるだけのフレーズなのに、これで現代曹洞宗の教学体系が全部出来上がってしまっているんです。道元禅師とは関係がないんですが、それは、「宗教的な世界に悟りなんて存在しないんだ

から、ただ文化的なしきたりを守っていればいいだけ」という話でしょ？　結局はしきたりを守って、衣の巻き方をしっかり守って、歩き方も坐り方もしっかり期待通りにしていれば、それがブッダの境地だと。

大学にいる禅学の教授たちも、「われわれは悟るために坐禅するのではなくて、悟りをひらいたブッダが行った瞑想をやっているんだ」と、いわゆる悟後の修行だと言う。「お釈迦様も悟ってから瞑想していただろう。それをやっているんだ」と。

でも、それって聞いただけでもおかしいでしょ？　ただのおっさんが足を組んだら、お釈迦様と同じ境地になるなんて、そんなことはありえない。

お釈迦様は、「苦労して苦労して、試行錯誤した末に、道を発見したんだ」とおっしゃっているんです。お釈迦様が悟った後もなぜ禅定に入ったのかということについては、ご本人がおっしゃっていますよ。でも、禅宗の人々はテキストを持っていないから、「あれは宗教的な何かだ」と勘違いしているんです。

そうではなくて、ただ私たちも、ちょっと散歩をしたり体を動かしたりするでしょ？　それは宗教的なことではないでしょ？

ずっと坐りっぱなしでいたら、体も調子が悪くなってくるし、心も暗くなってくるので、「ちょっと、散歩でもしてくるか」と、そういう感じでお釈迦様も禅定に入られたんです。みんなと俗世間のことで説法をしたり、瞑想指導をしたり、出家比丘《びく》たちに躾《しつけ》をしたり、俗世間の人々の日常で起こる問題などに解決策を教えたりすると、かなり疲れる。だから一切の思考を停止して、すべての機能を停止して、ただ坐ってみる。

すべての機能を停止できるのはブッダだけなんです。そこらへんにいるただのおっさんに、すべてを停止することなんかできない。坐ったからといって、体は痛いわ、感覚はあるわ、ハチャメチャ妄想が出てくるわ、明日のことを考えるわ、今日のことを考えるわ……。ただ坐っているだけでも、そうとうに苦しい。

口先だけで何かを言ったからといって、私は別に気にしません。「あなた方は、ただ伝統的な宗教組織のことをやっているだけだ」というのが私の感想です。

仏教というのはものすごくanti-religious・反宗教的なんですよ。宗教とは、人間の自由を奪うという意味なんです。何か偉いものを信じる。これは神であろうとも、大《だい》日如来《にちにょらい》であろうとも、どんな化け物でもいいんです。みんな化け物たちばっかりですからね。

誰も見て知っているわけではないでしょ？　大日如来を見た人は一人もいないし、エホバ神を見た人も一人もいないし。

――時々、護摩行《ごまぎょう》をやり続けたら、「不動明王が見えた！」と言う人はいますが。

まあ、幻覚でいろいろなものが見えるんだから。幻覚で見えたからといって、真理だという保証はできないでしょ？　だいたい百人ぐらいに見えてこないと。みんなが同時多発的に見たということでもないしね。

そういう偉いもののけを信仰するということが宗教の基本で、それからわれわれの日常の生き方にあれこれとあらゆる制限をかけようとする。人間がやることにちょっかいを出す。

たとえば、どんな人間も結婚するでしょう。結婚というシステムがなくても、人間だから男と女が一緒になる。それはずっと昔からあったことで、これからもあることですが、そのことに宗教が割り込んで、「神の前で結婚しなさい」と言い出すんです。それで、自由に好きな女性・男性と一緒になって、子供を作ってきた人間の自由がなくなったんです。宗教組織が定めた基準に合わせなくてはいけなくなったんです。

禅語の表面だけをとって、文化的に解釈してはいけない

そうやって人間が毎日やっていることにちょっかいを出して、迷惑をかける。人間は毎日ご飯を食べます。そこに宗教は、「天にましますわれらの父に感謝します」とか、そういう話を入れてくる。お祈りの文句を歌って神に感謝しなさいと。自分が頑張って稼いだお金で奥さんが材料を買って料理をしたご飯なのに、「神がくれた」「それをやらないと、行儀が悪い」と余計なことを言ってくる。

宗教というのは、そうやってすごく迷惑なことをしているんです。

——それでは、道元禅師の言葉とされているものの中にも、あるいは禅語といわれるものの中にも、そういう宗教的なものが紛れ込んでいるんでしょうか？

道元禅師にも結構ありますよ。道元禅師はかなり感情的な性格の方だから、文化が

好きなんです。

しかし、それは別に批判すべきことではありません。人間には文化が必要ですし、文化がないと生きていられませんから。

禅宗であれば、しきたり通りに衣を着なくてはいけない。「何でもいいんだ」と言ってしまったら、ちょっとよくないんです。「ふんどし一丁でもいいんだよ」という話にはならない。

それは文化ですから、好きでやるのならいいんですが、でもそこに深い意味は全くないんです。ですから、あまりにも教理学的に解釈して、その解釈に頑固に執着しないほうがいいのではないかと思います。

——文化には深い意味はないと……。でも、みなさん必死になって守っていますが。

みんなをまとめるために便宜的にあるものが、文化なんです。

たとえば私の住む僧房の近くに葬儀場があるんですが、葬式に行くときはみんな黒い喪服を着て行きます。それはただ決まっているからそうしているというだけであっ

それ、修証《しゅしょう》はひとつにあらずとおもえる、
すなわち外道《げどう》の見《けん》なり。仏法には、修証これ一等なり。――道元《どうげん》『弁道話《べんどうわ》』

◉修行（坐禅）とその証しとしての悟りが一つのものではないと思っているのは、外道の考えである。仏法では、修行と証（悟り）とは全く同じ一つのことだ。

て、誰かが派手な服を着て葬式に行ったからといって、ご遺体が燃えなくなってしまうなどということはありえないでしょ？　それで故人が地獄に堕ちるなどということはありえないでしょ？

みんなどういうわけだかわからないけれども、葬式に行くときはお数珠《じゅず》を持って行く。「何のため？」と聞かれても、誰もわかっていない。それでいて、「数珠は右手で持ちなさい」とか「左手で持ちなさい」といったことで、頭を悩ませている。

禅は日本文化、中国文化のものですから、そういう文化的なところはうまく避けながら、禅の言葉の真髄の部分を区別して学ばなくてはいけないんです。

たとえば修証一等という言葉が出ましたが、その言葉を表面だけでとって、宗教的・文化的にだけ読む愚か者たちが、「悟りはありえない。ただ坐れば仏だ」というスタンスを打ち立てて、気楽に宗教組織を作ってしまう。

でも、宗教はいつでも矛盾だらけですよ。宗教の方々は、在家の世界がなければ生きていられません。生活はできません。ですから、一般在家の方々の生活と違うことを何かやらなければ、生活そのものが「盗み」になってしまう。そうでなかったら話にならない。

それに、「坐れば仏」などというなら、猿だって坐っているんですから、猿と何が違うのかという話にもなります。

たとえば「天台本覚思想《てんだいほんがく》」（「一切衆生《しゅじょう》は仏性《ぶっしょう》を宿し、人間はもとから悟っている」とする天台宗の教え）というものがあって、「みんな、とっくに悟ってるんだぞ」と言っていたんです。でも、もしそうなら、「宗教組織はすべて解散して、畑でも作ったらどうか」と言ったほうが理性的でしょ？

ところが実際は、朝早く起きてお経をあげたり、夜もお経をあげて、信者のお布施《ふせ》で生活をして、特別な衣装を着て、厳しい縦の関係を作り上げて、偉い坊主がいて、見習いがいてこき使われて……。

天台本覚思想の「みんな最初から仏だ」という教えが正しいのならば、宗教組織は全部解散してしまって、みんな普通のおっさんになったほうがよいでしょうね。

ブッダの言葉は「反宗教的」

――実際、中国や朝鮮、日本でも、儒教の人々がそのようなロジックで仏教を批判して、廃仏毀釈《きしゃく》が行われたことがありますね。

それは当然だと思いますよ。

――ある意味、自分で撒いた種ということでしょうか。

大乗仏教にかぎらず、どんな宗教でも、自分が言った矛盾した言葉は、手榴弾が投げ返されるように、自分のもとに帰ってくる。だからブッダの言葉を学んだほうがよいのです。ブッダの anti-religious・反宗教的な言葉をね。

ブッダの言葉に矛盾はないんです。ですから誰も非難できません。

「修証一等」の場合は、俗世間から見ると、「人は修行している」「人は悟っている」などと区別するでしょ？「この人はまだ修行中。この人は禅師様で、一人前である」とかね。

しかし、悟りの境地から見たら、すべての現象は同じであって、現象の間で上下はありません。要するにお釈迦様がおっしゃったように、「sabbe saṅkhārā aniccā（諸行無常）」、すべての現象は無常です。悟ったという気持ちさえも saṅkhārā ですから、現象ですから、それも無常なんです。

悟りという永久不滅の何かを背負っているわけではないんです。心が完全に清らかになった。それで終わり。それからもまた心が回転するんですが、もう二度と汚れない。心に汚れが溜まる状況が、悟りによって転換したんです。それからはもう一般人の抱く悩み苦しみはないんです。悩み苦しみというのは、感情から生まれるものですからね。

ですから、俗世間的に見ると区別はあるんですが、「一切は現象」という真理の眼差しで見ると、「すべて無常だから、別にいい」という感じになるんです。修証一等とは、それを言った言葉なんです。

悟りをめざすという見習い状態で、まだまだ学ばなければいけない未熟な人が、自分勝手に「悟り」をイメージしてしまうんです。でも、それは、自分が今すでに持っている概念で作り上げたイメージでしょ？　その人が思い描いた悟りは悟りどころではなくて、それもまたもう一つの汚れた妄想概念にすぎません。だから、「悟りをイメージするなよ、あなたに悟りを理解するのは無理だ」と戒めなくてはいけないんです。

そういうわけで、悟りについてあれこれイメージをしている人に「修証一等」と言うと、ガクッと心が衝撃を受けるんです。

――なるほど、そうやって教育的にガツンとやるための言葉なんですね。

そうです。禅語というのはそういう言葉なんです。ガツンと雷を落としちゃうんです。でも、それが愚か者たちの手に入ってしまうと大変ですよ。いたずら者の子供が、雷神になるようなことになりますから。

只管打坐【しかんたざ】

妄想を止めて、ただ坐ってみる

――スマナサーラ長老は道元禅師の研究をされていたということで、道元禅師の言葉にもう少しこだわってみたいと思うんですが、よく言われるのは、「只管打坐《しかんたざ》」、ただ坐る。それから、「身心脱落《しんじんだつらく》」。道元というとだいたい「修証一等」「只管打坐」「身心脱落」、この三つのキーワードで解説されることが多いように思いますが、「只管打坐」についてはどうお考えでしょうか？

只管打坐というのは、妄想してはいけないということです。

でも実践を支えるテキストがなかったので、言葉の解釈がどんどんズレてしまって「ただ形だけで十分だ」と勘違いされたんです。ただ肉体を固定したからといっても、もう一つ、心という巨大なエネルギーが働いているでしょ？　ただ坐るならば、その心もストップさせなくてはいけません。

でも、禅の世界にはそれを実践するためのテキストがなかったんです。私は禅宗の知り合いの方々にそれを教えました。「只管打坐とはこういうことですよ」「これで思考まで止まりますよ」と。

――それでわかってもらえましたか？

わかってもらえませんでした。でも、私は曹洞宗のシンポジウムでも堂々と言いました。

――端的に言えば、「妄想するな」ということなんですか？

禅僧の能《よ》くなる第一の用心は、
只管打坐《しかんたざ》すべきなり。
利鈍賢愚を論ぜず、
坐禅すれば自然《じねん》によくなるなり。
——『正法眼蔵随聞記《しょうぼうげんぞうずいもんき》』一
（道元《どうげん》の説示の筆録）

◉禅僧がよくなる第一の心構えとして、ひたすらに坐禅につとめるべきである。賢者・愚者を問わず、坐禅をすれば、自然にその人はよくなるものである。

只管打坐というのは「置物のように坐れ」ということでしょう。置物は何もやっていないでしょ？　自分では何もやっていない。そういうふうに坐らなくてはいけないんです。

でも、それをやってみろと言われても、できますか？

だから、やり方のテキストが必要なんです。

只管打坐ができた人はもう悟っています。只管打坐＝悟りなんです。

ですから、ちゃんと仏道修行のマニュアルを参照しながら、まず「只管打坐はできない」ということをちゃんと自覚して、「では、やってみようではないか」と頑張るんです。

頑張らなくてはいけないんです。

身心脱落【しんじんだつらく】

執着を捨て去り、主語が消え失せた世界へ

――前項で触れた只管打坐に対して、身心脱落《しんじんだつらく》はどう絡んでくるんでしょうか？

身心脱落というのは、誰かに言われた言葉を道元禅師が聞き取っただけでしょう。それで自分がなんとなくその気分になったんです。それはわかりやすいんです。

道元禅師は俗世間的な欲は全くなかったし、必死になって悟りを探していたし、ですから「身心脱落と言ったら俺だってそうでしょう、すべて捨てていますよ」という気持ちになるのは、すごく自然だと私は思いますね。

そこで師匠の如浄《にょじょう》禅師に報告したら、如浄禅師は最後には「脱落、脱落」と言ったんです（『永平寺三祖行業記《えいへいじさんそぎょうごうき》』）。身心脱落の「身心」を捨てたんです。その意味を、道元禅師は日本に帰ってから死ぬまで探し続けたんです。

だから私は、「如浄禅師ってすごいなぁ」と思ったんです。身心脱落というのは「執着を捨てる」ということですね。しかし、もうワンステップあるんだよと。そこら辺はちょっと言葉では解説が難しいと思いますが。

「身心脱落」と言う場合は、脱落するものがあるんです。その場合は主語が必要なんです。

――「私が身心脱落しました」という……。

そうそう。「私は身も脱落して、心も脱落しました」と。

それに対して如浄禅師は「脱落、脱落だ」。「私は」という言葉をそこで捨てなくてはいけないんです。

それからはもうなんとも言えませんね。「私」が捨てられたところで、「私」が消えたところで、「私を捨てた」と言うのは難しい。だって、そう言うためには「私」という実感が必要ですから。それをなくすんです。それからはもう何も言葉はなし。無の世界、空の世界です。それが仏性の世界です。仏性、仏性と大乗仏教でよく言うでしょ？

身心脱落という言葉は、「脱落、脱落」というところまで進まなくてはいけないんです。『正法眼蔵』などに書かれた道元禅師の言葉を読んでいくと、本人は脱落をめざしてずっと頑張っていたことがわかります。

――道元禅師も弟子がたくさんいらっしゃいましたが、自分自身がストンと落ちるところまでは行っていらっしゃらなかったんでしょうか？

道元禅師には、「俺が開祖様」という態度はないでしょ？　ただ一人の僧侶として、修行者として、自分の修行をやっていたんです。

――そう考えてみると、禅語というのはいろいろな言葉がありますが、わりと一つの

衲子《のうす》の坐睡《ざすい》するを責めて云《いわ》く、「参禅は身心《しんじん》脱落《だつらく》なり。祇管《しかん》に打睡して恁生《いんせい》す」。師、聞きて豁然《かつぜん》として大悟す。

――『永《えい》平《へい》寺《じ》三《さん》祖《そ》行業《ぎょうごう》記《き》』

◉如浄《にょじょう》（中国曹洞宗の禅僧。道元の師）が坐禅しながら眠っているひとりの禅僧に「参禅は身心脱落であるべき。ただ眠るだけで何ができる」と叱りつけると、それを聞いた道元《どうげん》は豁然として大悟した。

ことを繰り返して言っている、という感じもしますね。

繰り返していますよ。その中で解説したくなる気分になるものもあれば、どうでもいいゴミだというようなものもあります。

たとえば、自分が何かをわかっていて、おのずから出てくる言葉は立派な言葉ですが、わざわざ作って語る言葉にはあまり力がないんです。

私にはすぐ読み取れます。「非心非仏」（唐の禅僧・馬祖道一《ばそどういつ》の言葉。「仏とは何ですか」という問いに対する答え）とか言われると、「言葉で遊ぶなよ」と言いたくなるんです。

眼横鼻直
空手還郷

【がんのうびちょく　くうしゅげんきょう】

「目は横に付いていて、鼻はまっすぐ」に気づいているか

――道元禅師の言葉でよく使われるのは、宋から帰って来たばかりのときに語ったという「眼横鼻直《がんのうびちょく》」。「あなたは宋に渡って何を学んできたのですか」と聞かれたところで、「目は横に付いていて、鼻はまっすぐである」と言われたそうです。あるいは、「現成《げんじょう》公案《こうあん》」という有名なエッセイに載っている言葉、「仏道をならうとは自己をならうなり」ですとか。

眼横鼻直というのは道元禅師も誰かから教えてもらった言葉だと思いますが、これはたいへん立派な言葉です。

要するに、中国まで修行に行って帰ってきたということになると、俗世間の人々は、何かものすごい悟りとか智慧を得て帰ってきた、と思っているんですね。

――同じ文章の中には「空手《くうしゅ》還郷《げんきょう》」、つまり「何も持たずに帰ってきた」というフレーズもあります。

それは、本当に仏教を学んで帰ってきたということなんです。

たとえば、「私はこの大学に留学して、この研究学科で博士号を取りました。論文はこれです」という場合は、何かを持っているでしょ?

仏教はそういうことではなくて、すべてを捨てる世界なんです。だから、取るものは何もないんです。だから、自分の都合で世界を変えるということはしない。「この庭木は伸びすぎだから、半分に剪定《せんてい》する」というようなことはしない。

でも、俗世間では自分の身の回りをあれこれといじるんです。「この枝はちょっと危ないから、切っちゃう」とか、「ここら辺が寂しいから、花を植えたほうがいいんじゃないか」などとなる。俗世間の生き方というのは、そういうことなんです。「今日は火曜日だから、ネクタイのデザインを変えましょう」などと、何かを変える。

何かを変えるためには自分の主観が必要になります。自分が偉そうに、物事を区別判断して善悪に分けて、良し悪しに分けてみなくてはいけない。でも仏教では、「それはめんどうだから、自分自身を消しなさい」と教えます。

それができると、眼横鼻直だから、何ということもなくなるんです。だから面白いんですよ。本物の仏道を学んだ人には、「これを学んできたんだよ」というものは何もない。「空手還郷」なんです。聞いた人は、わからなかったでしょうが。

――ポカーンとしたと思います。

たとえば、目の前の障子に穴が開いている。直したほうがいいと思うでしょ？　でも、それは自分の主観が働いているからなんです。

山僧叢林《そうりん》を歴《ふ》ること多からず。
只《た》だ是《これ》等閑《なおざり》に天童《てんどう》先師に見《まみ》えて、
当下《ただち》に眼横鼻直《がんのうびちょく》なることを認得して、
人に瞞《あざむ》かれず。
便乃《すなわ》ち空手《くうしゅ》にして郷《きょう》に還《かえ》る。
所以《ゆえ》に一毫《いちごう》も仏法なし
――『永平元禅師語録《えいへいげんぜんじごろく》』（道元《どうげん》の語録）

●私はそれほど多くの禅寺をめぐったわけではない。だが、はからずも先師天童如浄《にょじょう》禅師にお目にかかることができ、ただちに眼が横に付いていて、鼻は縦にまっすぐであることがわかり、人にあざむかれなくなった。そこで何も携えずに故郷に還った。だから、私にはいささかも仏法がない。

自分の頭の中に、「障子はしっかり張ってあったほうがいい」という見解があって、そこから見たら、障子は破れている。ですから、「新しいものに張り替えたほうがよい」ということが起こるんです。それは眼横鼻直の世界ではない、「自分」がいる世界なんです。そうすると良いものも見つかるし、悪いものも見つかる。両方に引っかかる。良いものに引っかかって、悪いものと戦ってと、そういう世界が常にある。

眼横鼻直の世界には、それがないんです。

文化や宗教という衣装を捨てたら、言葉にならない、空性の世界があるんです。

たとえば、このテーブルがどれぐらい大きくて、どれぐらい重いかということはわかるでしょ？　では、宇宙空間はどれぐらい大きくて、どれくらい重い？　測れないでしょうし、そもそも重さがあると思う？

そういうことで、真理の世界というのは現象の世界を乗り越えているんです。しかし、みんなにしゃべらなくてはいけないから、文化が入り込むし、価値観が入り込んだり、いろいろな文学表現になったりします。そうやって衣装を選ぶことになるんです。

真理を語る人は、あえて衣装を選ぶ。でも、みんな衣装に引っかかってしまうのは困ったものです。このジレンマは仏典にかぎらず、文学作品や芸術作品にも付きまとうものです。

仏道をならふといふは、自己をならふ也

【ぶつどうをならうというは、じこをならうなり】

「自己」を学びつくした者に見える世界とは

――「仏道をならうというは、自己をならう也《なり》」というのは道元禅師の『正法眼蔵』にある有名な言葉ですが、これについてはどう解釈するべきでしょうか？

これは言葉通りに味わうべき言葉です。

お釈迦様は自己について語っているんですから、テキストを読んだからといって、仏教を学んだこと、習ったことにはならないんです。「自分」を勉強することが仏道です。眼・耳・鼻・舌・身・意の働きによって、自分という現象が成り立っているでしょう。眼・耳・鼻・舌・身・意に色《しき》・声《しょう》・香《こう》・味《み》・触《そく》・法《ほう》が触れる。それで、自分というカラクリが成り立っているんです。

それを学ぶことは、本格的に真の仏教を学ぶことと同じです。ですから、道元禅師は言葉通りのことをおっしゃっているんです。

――続きにある「自己をならうというは、自己をわするるなり」というのは、いかがでしょうか？

その通りの意味です。自己をならうとは、「自己というものはないんだよ」と発見することなんです。自己とか自分とか言っても、眼耳鼻舌身意に色声香味触法が触れるだけで、どこを探しても確固たる自分がいないんです。

たとえば、眼に色《しき》が触れることで見える。そこで自我の錯覚が割り込んで「あ、私

仏道をならうというは、
自己をならう也《なり》。
自己をわするるなり。
自己をわするるというは、
万法《ばんぽう》に証《しょう》せらるるなり。
万法に証せらるるというは、
自己の身心および他己《たこ》の
身心をして脱落せしむるなり。
――『正法眼蔵《しょうぼうげんぞう》』「現成公案《げんじょうこうあん》」

●仏道を学ぶとは自己を学ぶことであり、自己を学ぶとは自己を忘れることである。自己を忘れるとはあらゆる物事によって悟りに導かれることであり、それは執着をなくすことである。

が見ている」と思ってしまうだけで、「私」という気持ちがなくても、たとえば、しゃべっている間でも、見えているんですね。そのときには、「私が見ている」という感じはしないでしょう。モノはただ流れるだけで、そこに「私」と言えるものはないんです。

「わす（忘）るる」という単語は、まあ、ちょっと語呂を合わせるために使ったとは思いますが。

――そして、「自己をわするるというは、万法《ばんぽう》に証《しょう》せらるるなり。万法に証せらるるというは、自己の身心および他己《たこ》の身心をして脱落せしむるなり」と続きます。

これも、その通り、悟りに達する流れなんです。あんまり解説もいらないところです。自己を忘れたら、あるのは万法です。万法は無常で、因果法則によって生滅変化して流れます。誰にもどうすることもできないんです。そこで、執着がなくなるんです。自我の錯覚がなくなったら、もう執着もないわけですから。

道元禅師は執着がなくなることを、「脱落」という言葉を使って表現しているんです。

日々是好日【にちにちこれこうにち】

常に「今」を生きる、悩みと縁のない生き方

――禅語といってもいろいろありますが、有名なものでいうと「日々是好日《にちにちこれこうにち》」という禅語がありますね。スマナサーラ長老はパーリ経典に出てくる「Bhaddekaratta-gāthā《バッデーカラッタガーター》」という偈《げ》（詩の形の経典）を訳すときにこの「日々是好日」という禅語を使われていて、驚きました。

いいえ、私は別に禅語に当てはめてあの言葉を使ったわけではないんです。「日々是好日」というのは、普通にブッダの言葉ですから。

——Bhaddekaratta《バッデーカラッタ》を翻訳すると「日々是好日」という意味になるんですか？

それはブッダの言葉ですから、それをそのまま使ったんです。

——でもBhaddekaratta-gāthāの日本語訳を見ると「賢善一喜」とか「一夜賢者」とか、そういう訳が使われています。

逐語訳すればそのように訳せなくもありませんが、でも、それでは意味はわからないでしょ？

パーリ経典から説明しますと、解脱に達した人の気持ちというのは一般人にはちょっとわからないんですね。「どんな生き方ですか」とか、「好き嫌いはあるのか」「苦手なものはあるのか」「困ったりすることはあるのか」といった、そういうものはすべてない。でも、ない、ないと言ったところで、一般人には何のことかさっぱりわからなくなってしまいます。

ですから、聖者の心の状況を「このような心で生きていますよ」と説明したのがBhaddekaratta-gāthā なんです。ちょっと全文を紹介しましょうか。

Bhaddekaratta-gāthā《バッデーカラッタ ガーター》「日々是好日」偈

過去を追いゆくことなく　また未来を願いゆくことなし
Atītaṃ《アティータン》 nānvāgameyya《ナーンワーガメッヤ》, nappaṭikaṅkhe《ナッパティカンケー》 anāgataṃ《アナーガタン》;

過去はすでに過ぎ去りしもの　未来は未だ来ぬものゆえに
Yadatītaṃ《ヤダティータン》 pahīnaṃ《パヒーナン》 taṃ《タン》, appattañ《アッパッタン》 ca《チャ》 anāgataṃ《アナーガタン》.

現に存在している現象を　その場その場で観察し
Paccuppannañ《パッチュッパンナン》 ca《チャ》 yo《ヨー》 dhammaṃ《ダンマン》, tattha《タッタ》 tattha《タッタ》 vipassati《ヴィパッサティ》;

揺らぐ（執着する）ことなく動じることなく　智者はそを修するがよい
Asaṃhīraṃ《アサンヒーラン》 asaṅkuppaṃ《アサンクッパン》, taṃ《タン》 vidvā《ヴィドゥワー》 manubrūhaye《マヌブルーハイエー》.

今日こそ努め励むべきなり　だれが明日の死を知ろう
Ajjeva《アッジェーワ》 kiccaṃ《キッチャン》 ātappaṃ《アータッパン》, ko《コー》 jaññā《ジャンニャー》 maraṇaṃ《マラナン》 suve《スヴェー》;

Na《ナ》 hi《ヒ》 no《ノー》 saṅgaraṃ《サンガラン》 tena《テーナ》, mahāsenena《マハーセーネーナ》 maccunā《マッチュナー》.
されば死の大軍に　我ら煩うことなし
Evaṃ《エーワン》 vihāriṃ《ヴィハーリン》 ātāpiṃ《アーターピン》, ahorattam atanditaṃ《アホーラッタマタンディタン》;
昼夜怠ることなく　かのように住み、励む
Taṃ《タン》 ve《ヴェー》 bhaddekarattoti《バッデーカラットーティ》, santo《サントー》 ācikkhate《アーチッカテー》 muni《ムニ》.
こはまさに「日々是好日」と　寂静者なる牟尼《むに》は説く

過去には引っかからない、将来には期待しない、その瞬間に起きる出来事に対しても愛着を抱くこともその反対に拒絶しようとすることもない。そのような悟った人の生き方をものすごくわかりやすく表現しているのが、Bhaddekaratta-gāthā という偈なんです。

ですから、ブッダは禅師様よりもずっと親切だし優しいんです。理性のある方の言葉が、一般の人々に理解できなかったら意味がないでしょう。智慧のある人が「お前らはどうせわからないだろう」という態度で一般人にちんぷんかんぷんのことをしゃべるというのは、ちょっと品がない。

雲《うん》門《もん》垂《すい》語《ご》して云《いわ》く、「十五日已前《いぜん》は汝に問わず、十五日已後、一句を道《い》い将《も》ち来れ」。自ら代って云く、「日《にち》々《にち》是《これ》好《こう》日《にち》」。

——『碧《へき》巌《がん》録《ろく》』六

◉雲門和尚は、弟子たちに向かってこう言った。「十五日以前のことは問わない。この十五日（今日）以後のことを一句で言ってみよ」。そして、自分が代わって答えた。「来る日も来る日も、よい日だ」

――でも、そういうことはありがちですよね。

　ときどき、ちんぷんかんぷんのことをしゃべる禅師様たちとは違って、お釈迦様は完全たる智慧の持ち主ですから、お釈迦様の言葉を聞いた人は、その場で言われたことの意味をきちんと理解して、「よくわかりました、お釈迦様ありがとうございます」と感謝して帰るんです。

　ですからパーリ語で書かれた経典をそのまま読んでみると、読んだだけで、「あー、なるほど」とわかりますよ。

　でも、いきなり「日々是好日」と言われてもわからないでしょ？

――「毎日楽しく生きましょう」みたいにとられてしまいがちですよね。

　そうやって、みんな自分の好き勝手に解釈するんですね。好き勝手に解釈してよい言葉だったら、そもそもブッダが言う必要すらないでしょ？　言葉で人を導いていいない。ブッダの言葉を勝手に解釈できるなら、一般人は悟っているということになりますから。

——その言葉によって導かれなかったら、意味がないということですね。

「一般人が毎日楽しく過ごせばいいや」ということなら、不倫している人だって楽しくてやっているんですから、「日々是好日で不倫しています」と言うこともできますよ。なんでもできちゃいます。

そういうわけで、いくら偉い禅師様たちの禅語だといっても、お釈迦様とは比較できません。どんな禅の言葉を持ってきても、ブッダご自身の言葉に比べれば、どれもガクンと格が落ちるんです。

一期一会【いちごいちえ】

すべては一度きり。瞬間、瞬間の出来事に真剣に取り組む

――「一期一会《いちごいちえ》」という禅語があります。一般的な日本語にもなっていて、千利休《せんのりきゅう》の言葉ともされていて、茶道でよく使われます。元々は「一坐一会」だったという説もあります。「この一回の茶席はもうこの一回しかない。その場で完成するしかないんだから、一坐一坐、真剣に取り組まなければいけないいんだ」という意味だとされていますが。

その時々の状況に合わせていろいろな解説が成り立つ言葉だと思いますが、仏教の

真理から見ても、すべては「一期一会」ですからね。すべて瞬間、瞬間の現象でしょ？ 現象は決してリピートしません。たとえば、「毎年、桜の花が咲く」と言っても間違いなんです。同じ桜の花は決して咲きません。一期一会です。咲いた花は一期一会で散るんです。来年は別の花が咲きますが、去年の花と同じものだと勘違いする必要はないんです。

だから、われわれには「来年はどんなふうに咲くのでしょうか？」と推測することすらできないのです。それはその瞬間の現象の組み合わせなんです。ですから、「恒例の花見」などということはありえないんです。

——「今年も桜のシーズンがやってまいりました」というような表現は、間違っているということですね。

すべて、一期一会ということです。

——それを知ったところで、われわれはどうすればよいのでしょうか？

常の茶湯なりとも、
路地《ろじ》へはいるから立つまで、
一期《いちご》に一度の参会の様に、
亭主をしっして威《い》づべきとなり

――『山《やまの》上《うえ》宗《そう》二《じ》記《き》』

◉いつもの茶会であっても、路地（茶室の庭）に入ってから終わるまで、一生に一度の出会いのように、亭主を敬い、畏まるべきだ。（千利休《せんのりきゅう》の言葉とされる）

別に何もする必要ないでしょう。瞬間、瞬間だけのことですからね。何もやる必要はないんです。

そこですよ、難しいところは。悩む必要もない。楽しくなる必要もない。「あー、すごい」と思う必要もない。嫌だと思う必要もない。

――「一期一会だから、もっとしっかり見なくちゃ！」というのも違うんですね。一期一会と聞くと、われわれは「一回一回の出会いを大切にしましょう」というふうに捉えてしまいますが。

俗世間のレベルと、出世間のレベル・真理の世界のレベルとでは違いがありますよ。俗世間のレベルでは「一期一会だから真剣にやれ」、あるいは「一切の現象は瞬間だけだから苦しくないんだよ、ストレスはたまりませんよ」と言うこともできます。実際、一期一会なんですから、瞬間の出来事を真剣にやればいいんです。そうすると充実感が出てきます。

でも充実感があっても、「よくできました」とそこに耽る時間はない。また次の瞬間がありますから。だから次にそれもやる。そうやって、瞬間、瞬間の出来事に一期一会で取り組めば、全体的に人生はうまく進むんです。それが俗世間バージョンです。でも、出世間バージョンだと、「何もやるなよ」「別に何もやる必要はない」ということになるんです。

――一期一会とは、要するに無常ということになりますか？

そう、無常ということです。

それから、現象は因果関係で成り立つものですから、たとえば父親と子供が会うという場合、いつでも同じと思っているけれど、そうではないんです。その時その時、場所によって、時間によって、それから気持ちによって、その親子の出会いが毎回新たに現れるんです。それは決してリピートされない。

ですから、一期一会とは無常ということであり、因果法則ということなんです。

前後際断【ぜんごさいだん】

あらゆる現象はそれ自体で完結している

――「因果法則と言いますと、道元禅師の「現成公案」に出てくる「前後際断《ぜんごさいだん》」という言葉を思い出します。「しるべし、薪《たきぎ》は薪の法位《ほうい》に住して、さきありのちあり。前後ありといえども、前後際断せり」。要するに薪が燃えて灰になるというふうにわれわれは考えますが、薪は薪でもう完結していて、灰は灰でもうそれは完結していて、その前後はないんだ、と。これはどういうふうに理解すればいいでしょうか？

それはその通りに理解すればよいでしょう。

道元禅師がそういうふうに言えるということはすごいと思いますよ。文学的にそういう言葉に入れ替えることは、道元禅師特有の能力だと思いますし、私はその通りだと思います。薪は灰になりません。

――でも、みんな「薪が燃えて灰になる」と思いますよね。それが因果法則であると。

それは俗世間に理解できるレベルでの因果法則なんです。

もうちょっと上のレベルがあるんです。薪は薪で完結しているんです。すべての因が揃っているんです。そこで因が変わるんだから、次の瞬間には別の現象になっているんです。それは新たに生まれた、新たな現象なんです。薪が薪として完結しているところに、火という別な因が入ってきたんです。その瞬間に別な完結作品が現れて、次の瞬間にまた別な完結作品が現れるということなんです。

ですから、薪は決して灰になりません。一個一個、別々なんです。

――では、これは道元禅師が真剣に修行をしていたという証拠ですね。

そうですね。

——夏が冬になるのではなくて、夏は夏で、冬は冬だと。

そういうことですよ。季節にまで行かなくても、一時間、一時間で完結しているでしょ？

——瞬間、瞬間だったら、なおさらですね。

そこは龍樹《りゅうじゅ》（インド大乗仏教中観《ちゅうがん》派の祖。一五〇〜二五〇年頃）も議論しているところです。「花から実が現れるという。では、花の中に実があるのか」と。ありますかね？　ないでしょうね。

じゃあ、全くないならば、どうやって花から実が現れるんでしょうか？　これもおかしい。

だから、「そうやって議論して、余計なことを言うなよ」というところです。

因果法則が完璧にわかれば、悟りの境地に至る

では、花は花で完結しているならば、実はどうなるのか。

あらゆることは瞬間、瞬間で完結した現象なんです。

たとえばこのグラスがテーブルから落ちたとしましょう。「あなたがグラスをいい加減に置いたから、不安定な状態に置いたから、落ちたんです」と言っても、それは完結していますよ。このグラスをテーブルの端っこに置いたならば、正しい答えは、落ちることなんです。これは間違いでもなんでもなく、完璧な現象なんです。

落ちて割れたら、因果法則においては、それもまた完璧な現象なんです。ところが、そこで人が怒る。「あなたがいい加減にグラスを置いたからだ。なんて不注意な性格なんだ！」。

でも、それは成り立たないんです。

なぜなら、(主観が全く入り込まない因果法則においては) いつでも、現象はしっ

かりと成り立っているからです。なるようになっているんです。ほかのありようにはなりません。

――けしからんとも言えないし、いいとも言えないということですね。心理学的にいうと、悟った方というのはそういう心持ちでいるということでしょうか？

たき木はいとなる、さらにかえりてたき木となるべきにあらず。
しかあるを、灰はのち、薪《たきぎ》はさきと見取すべからず。
しるべし、薪は薪の法《ほう》位《い》に住して、さきありのちあり。
前後ありといえども、前後際《さい》断《だん》せり。
灰は灰の法位にありて、のちありさきあり。
かのたき木、はいとなるのち、さらに薪とならざるがごとく、
人のしぬるのち、さらに生とならず。

――道《どう》元《げん》『正《しょう》法《ぼう》眼《げん》蔵《ぞう》』「現《げん》成《じょう》公《こう》案《あん》」

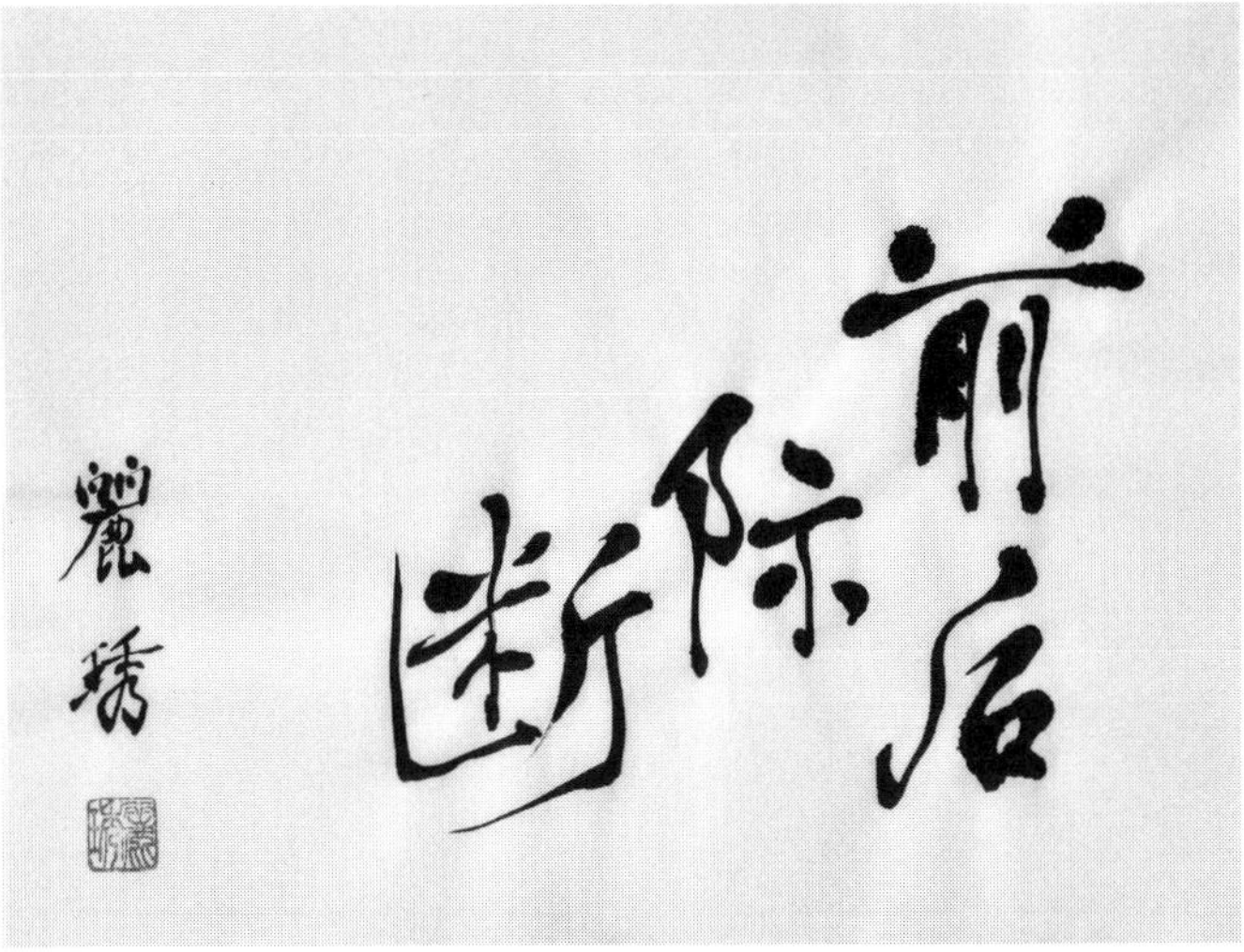

◉薪は灰となる。だが、灰はもう一度戻って薪となることはできない。それなのに、灰は後で、薪は前と見るべきではない。知るがよい、薪は薪というもののあり方として、前があり、後がある。前後はあるけれども、その前後は断ち切られている。灰は灰というもののあり方として、前があり、後がある。そして、薪が灰となった後、もう一度薪となることがないように、人は死んだ後、もう一度生きることはない。

それが悟った方の見方ですね。

——そうなると、何が起こっても、もう心は動かないですよね。

だから、仏教では、因果法則がわかっていれば悟っていると言っているでしょ？悟りの境地から見れば、驚くようなことは何も起きません。

——それはヴィパッサナー瞑想（初期仏教の自己観察法）で瞬間、瞬間を観察できている状況でもありますか？

そこをわれわれはマニュアルである初期経典のテキスト通りに教えているんです。簡単にはその境地に達しませんからね。しっかりしたマニュアルが必要なんです。指差しているポイントは、禅も初期仏教も同じなんです。

不昧因果【ふまいいんが】

「原因」を作ることを止めた人がたどり着く、真の安穏

――次に「不昧因果《ふまいいんが》」についてお聞きします。これも『正法眼蔵』後期の十二巻本のほうに出てくる言葉です。新たに道元禅師が書き直した章によく出てくるんですが、要するに、「修行して悟ったら、もう因果には落ちない（不落因果）」と調子に乗っていると、真っ逆さまに落ちてしまう。因果に落ちないのではなくて、因果をくらまさないこと(不昧因果)が大事なんだ、ということを道元禅師もおっしゃっているんです。

さきほど長老がおっしゃったように、「悟ったら、もう因果法則とは関係ない」ということではなくて、「常に因果法則に沿って現象は流れている」と観察して、それ

で心が動かないということが不昧因果ということなのかな、と思ったんですが、いかがでしょうか。

これは一般人にわかりやすく説明しなくてはいけないところですが、たとえば修行するというのも、いろいろとわざわざ因を揃えるということでしょ？　自分たちが揃えた因によって、果がいろいろに変わっていく。

それはそれで結構ですけど、そこで誰かさんが悟りという境地に達したならば、それも因果関係であって、別に驚くことではないんです。因果から抜けたわけではないんです。そのように、現象というのはすべて因果の流れなんです。

しかし、悟りに達した人がもう決して揃えない因、完全に捨てた因があります。そうすると、結果はそれなりに変わる。具体的に言えば、愛着という因は決して作らない。だから、愛着という因があるから現れる現象は、悟った人には決して現れないんです。

愛着があることによって、さまざまな悩み苦しみが起きます。ですから、愛着という因を捨てた聖者は、悩み苦しみと一切無縁なんです。愛着という因がなければ、愛着が現れない因果が成り立つんです。

一切の現象に対する愛着を断ったならば、愛着が一切ないという因によって、ある果が顕れます。要するに、解脱・涅槃《ねはん》という境地がそのとき顕れるんです。

それから、真理の人は意図的に因を作らない。一般人は意図的に因を作って、期待する結果を得ようとします。それで成功することも、失敗することも、両方あります。「意図した」ということも因ですからね。意図することもその時々で変わっていく。そういうことで、どうにもならない管理不可能な世界が現れてくるんですね。だから、計画する人にかぎって何も管理することができない、ということに気がつくはずなんです。

それに対して、悟りの人は意図がない。意図がなければ、時間という概念も成り立たない。現象がただ流れる。

悟った人は、「○○をしなくては……」ということがない

――「意図がない」というのは、別に無茶苦茶なことをするということではありませんよね？

無茶苦茶なことをするのも意図でしょう。「私」という錯覚がある人には、意図が現れます。その人は、意図通りの結果をめざして頑張ることも、意図を無視してハチャメチャなことをすることもできます。ハチャメチャなことをするためには、無視するべき意図が必要です。

でも、意図がない人にとっては、これは成り立たないんです。解脱に達する人は、決して常識はずれのハチャメチャなことはしないし、俗世間の常識にまじめに従うこともしないんです。

一つの例で説明します。

ある人が「怒らない」と決める。それから、その意図通りに生きてみる。

参学のともがら、因果《いんが》の道理をあきらめず、いたずらに撥無《はつむ》因果のあやまりあり。
あわれむべし、澆風《ぎょうふう》一扇《いっせん》して、祖道《そどう》陵替《りょうたい》せり。
不落《ふらく》因果は、まさしくこれ撥無因果なり、これによりて悪趣に堕す。
不昧《ふまい》因果は、あきらかにこれ深信《じんしん》因果なり、これによりて聞くもの悪趣を脱す。

――道元《どうげん》『正法眼蔵《しょうぼうげんぞう》』「深信因果」（十二巻本）

◉参学者たちは、因果の道理を明らかにせず、いたずらに因果法則をないものとする過ちをおかしている。あわれなことに、末世の風をあおいで、禅の教えを徐々に衰えさせている。因果に落ちないということは、まさに因果法則をないものとすることであり、これによって悪趣に落ちる。しかし、因果をくらまさないということは、明らかに因果の道理を深く信じることであり、これに従う者は悪趣を脱する。

また別のある人の心には、怒りの感情が起こらない。その人は自然な流れで生きている。

　両者の生き方を見ると、全く同じく見えるはずです。しかし、大きな違いがあります。後者は「怒らない」という意図があるので、努力しなくてはいけなくなります。後者の場合は、そもそも怒りがないので、努力する必要は成り立ちません。だからといって、後者は世間一般にいう「怒ってはいけない」という決まりに従っているのではありません。

　というわけで、意図がない人はハチャメチャなことは決してしないし、世間常識に従うこともしないんです。

――「○○をしなくては……」ということはない。それは気楽ですね。やることがないから退屈だということもないんですね。

　意図がないんですから。

――それは、一般人には想像もつかない境地です。

まあ、安穏ということは感じるかもしれませんが、安穏を感じるためにも「対象」が必要ですから。

最近の経験でちょっと思い出しましたが、スリランカ人の夫婦と子供三人が日曜日に私の住んでいる僧房に来たんです。彼らが来ると聞いた途端、いろいろ準備しなくてはという問題が起きて、一日中世話を焼いたりして、それはそれで結構なストレスなんですね。ようやく彼らが帰ったとき、そこで初めて「誰もいないということは、何て安穏なんだろう」と気づくんです。対象によって、安穏に気づくんです。

それとは違って、悟った人の安穏そのものには、対象がない。

お釈迦様にしても、たまたま俗世間の何かをご覧になって、その後でご自身の心の境地と対照して「安穏だな」と思われるんです。安穏の中にいるときは、対照するものがないから何も言葉にならないんです。

「私は安穏だよ」と言うためには、安穏ではない人がいなくては言葉が出てこない。聖者にとっては、言葉すら、相手があるから現れるものにすぎないんです。

二　修行の声

至道無難 唯嫌揀択

【しいどうぶなん　ゆいけんけんじゃく】

好き嫌いをするから、生きにくくなる

——悟りの境地の話ばかりをしてきましたが、ここで修行の世界の禅語をちょっと取り上げていきたいと思います。道元禅師の法話集である『正法眼蔵随聞記《しょうぼうげんぞうずいもんき》』にも出てくる言葉で、「至道無難《しいどうぶなん》　唯嫌揀択《ゆいけんけんじゃく》」というものがあります。つまり、道を歩むというのは別に困難なことではないけれども、凡夫《ぼんぷ》がいろいろと好き嫌いをするから、難しくなってしまうんだ、ただ凡夫の好き嫌いがあるだけなんだ、と。これは修行に関する言葉なのかな、と思いますが、いかがでしょうか？

修行というのは、ただいかに自然に現象が流れるのか、ということを観察することですから、別に困難でも苦しくもないでしょう。常に物事は自然に流れるのであって、人の好き嫌いに合わせて自然現象が変わるわけではないでしょ？

でも、人々は自分に何の権利もないのに、現象の流れを管理しようとしているんです。それはできるわけもないことであって、俗世間はものすごく愚かな行為をしている。私がわかりやすく言っているように、これは地球の自転を止めてやろうと踏ん張るようなものなんです。地球に住んでいる人間が地球を止めるなどということができるわけがない。

でも、俗世間はそれをしようとしているんです。「このリンゴはちょっと酸味が強いので、酸味の弱いリンゴを作ろう」と考える。その結果、苦労しなくてはいけなくなる。あるいは、「このカボチャはちょっと甘味が足りない。もっと甘いカボチャを作ろう」となる。「じゃあ、せいぜい苦労して下さい」というわけです。

普通、牛の肉は硬い。「肉を食べたいけれど、柔らかい肉を食べたい」と思うと、自然の牛の健康を壊して、ビールをたくさん飲ませて、脂肪だらけの霜降り牛肉を作るわけです。そのとき、脂肪が体に悪いということは、忘れている。だから苦労するんです。

そうやって自分の希望で自然の流れを変えようとすると、すごく苦しいんです。そこで、一般人に「修行しなさい」と言ってしまうと、これは普段はやらないことだと思って俗世間の希望を入れてみる。そうすると修行は苦行になるんです。

たとえば食べるときでも、若者はよく文句を言うでしょ？「お新香とお粥とか、こんなのばかり食べていると栄養失調になっちゃうよ」と。

そうではなくて、あれは文化的に何を狙っているのかはわかりませんが、本来の意図は、「肉体を維持する量だけを食べる」という自然の流れに従っているんです。それを理解して、この食事でどれぐらい体がもつのかと計算すると、けっこう持ちますよ。それによって、意図的に自然を破壊して食べるときにあった苦しみが消えるんです。

意図的に自然を破壊して、油で揚げて、醤油をかけて、オーブンに入れて、またフライパンで炒めてとか、あらゆることをして料理を作ることが、いかに苦しいことで

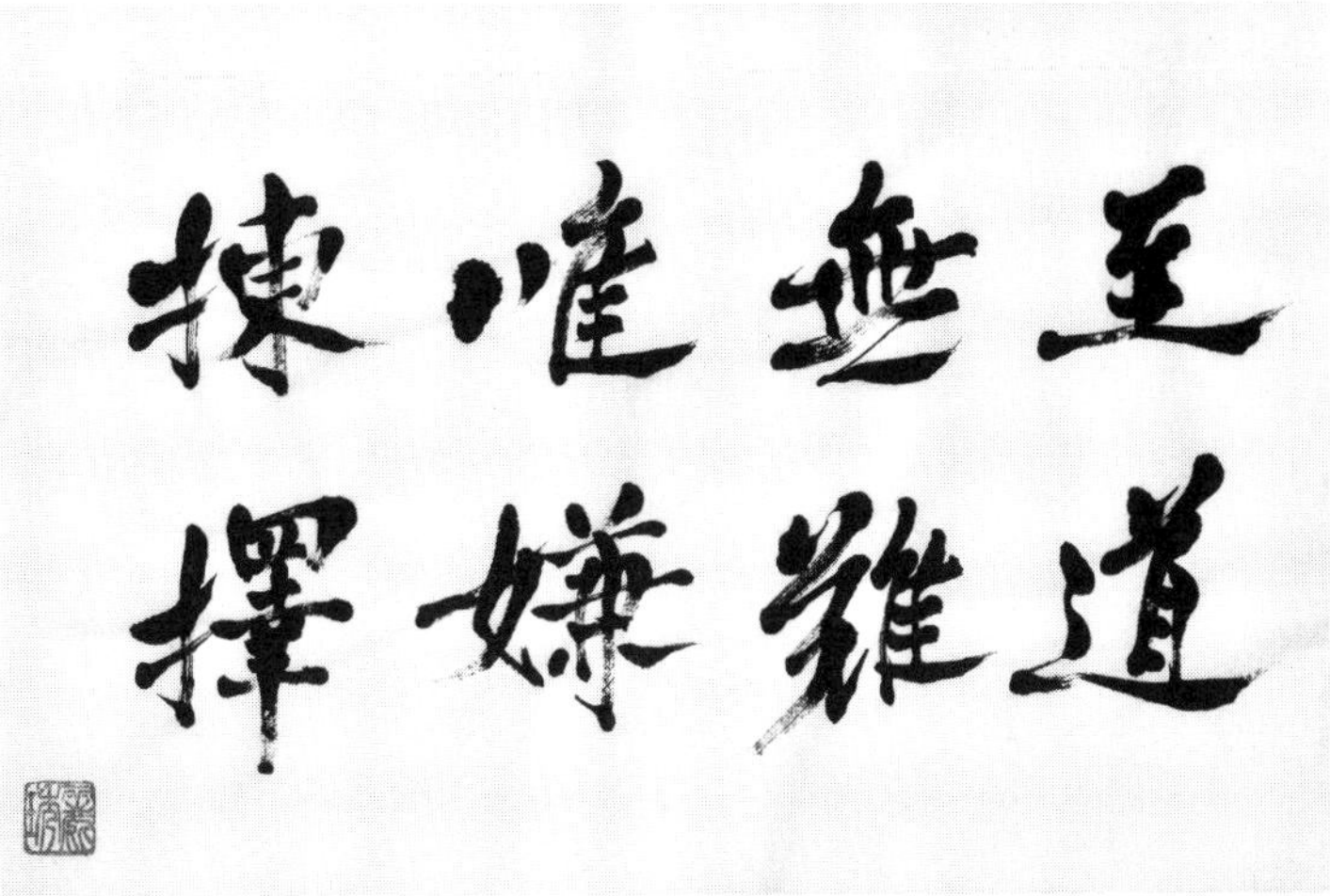

至道《しいどう》は難《かた》きこと無し、
唯《た》だ揀択《けんじゃく》を嫌う。

――『信心銘《しんじんめい》』

◉真実の道には難しいことはない。
ただあれこれと取捨選択さえしなければよいのだ。

あったかとわかるんです。

——そこで対照してわかるわけですね。

お新香とお粥だけでも、けっこう元気でいられることがわかるんです。

物それ自体には「きれい／汚い」はない

ですから修行とは、自分の希望で物事の流れを変えることではなくて、物事はどのように流れるのかと観ることなんです。

たとえば、虹が出たら「虹だ」と見るだけで、「この虹、もうちょっと大きくなってくれないかなぁ」などとは思わない。

——現代人だったら、「インスタ（Instagram）に載せたいんだけど、ちょっと薄いよなぁ。もうちょっと濃い虹になってくれないかな」と思うかもしれません。しかし、「虹がきれいだな」と思うことにも、もう主観が入っているということでしょうか？

物事には、きれい／汚いということはないんです。私も以前、アラスカまで旅行してオーロラを見ようと思って、見事に失敗しました。もしオーロラを見ることができたら、私も「すごいなぁ」と思うでしょう。でもそこら辺に住んでいる人にとっては、オーロラなんてどうということはない自然現象に過ぎません。

――日常茶飯のことですからね。修行をする場合も、われわれはそういう価値観を入れて好き嫌いを持ち込んでしまうから、なかなかうまくいかない難行苦行になってしまうということですね。

修行とは修行ではないんです。ただ自然の流れそのものなんです。修行という単語は俗世間の単語なんです。ハチャメチャ頑張らないだけの話です。「頑張る」という単語は俗世間的でしょ？

たとえばご飯を油で炒めて、卵も入れて、いろいろ調味料をかけてチャーハンを作るでしょ？　でも、修行者はお米に水を加えて炊いて、そのまま食べる。お粥を作るのはいたって簡単ですが、ふっくらしたご飯を食べようとすると、またいろいろな技術が必要になってくる。

ところが、俗世間でチャーハンやオムライスを食べている人から見れば、お粥を食べていることが苦行に見えてしまう。修行に見えるんです。

しかし、修行者にとっては、本物の修行者にとっては、「修行している」という気持ちは全くないんです。

百尺竿頭須進歩

【ひゃくしゃくかんとうすべからくほをすすむべし】

「自分」を捨てて、一切の執着を捨てる

――もうちょっとわかりやすい、修行に関する禅語を読んでみたいと思います。「百《ひゃく》尺竿頭須進歩《しゃくかんとうすべからくほをすすむべし》」、要するに「高いはしごの一番てっぺんまで登って、そこから空中に一歩を踏み出すのが仏道である」という言葉があります。

それは「一切の執着を捨てなさい」という意味です。何者にも依存するなよと。

百尺《ひゃくしゃく》竿《かん》頭《とう》、
須《すべか》らく歩《ほ》を進めて、
十方《じっぽう》世界に
全身を現ずべし。
——『無《む》門《もん》関《かん》』四十六

●百尺（約三十メートル）ある竿の先端からさらに歩を進めて、あらゆる世界に全身を現さなければならない。

竿のてっぺんまで行くことは修行なんです。

たとえば、一般人が家族を捨てて出家するという場合は、何かを捨てているんです。そして、大きなお寺でお布施をもらって贅沢するのではなくて、住職になることもやめて、また修行に入って、いろんなモノを捨てていく。それで最後に「自分」だけが残るんです。すべて捨てたところで、そのとき、一番てっぺんに乗っているんです。

そこから、「自分」を捨てなくてはいけないんです。

この禅語はテーラワーダ仏教でもそのまま使える言葉ですね。

崖の上に登って、片足で立って、次の一歩を踏み出さなくてはいけないんです。

一日不作　一日不食

【いちじつなさざれば　いちじつくらわず】

でも、「飯を食べるために働く」になってはいけない

――禅宗では「作務《さむ》」といって、修行中のお坊さんが畑を耕したりして労働をします。こういった行為はテーラワーダ仏教的には戒律に触れると思いますが、それはやはり文化的な問題なんでしょうか？　禅語には有名な「一日不作《いちじつなさざれば》　一日不食《いちじつくらわず》」という言葉があって、作務を怠けることが戒められています。

それは当時の中国の社会状況に合わせたことだと思いますね。一般人がお布施をする習慣がない社会にいたので、中国のお坊さんたちは自分で畑を耕して食べなくてはいけなくなったんです。ですから、私たちテーラワーダの出家はテーラワーダの出家で、大乗仏教は大乗仏教の出家で、というふうに区別はしているんです。

大乗仏教にはあまり戒律はありません。禅宗の得度《とくど》式に行ったことがありますが、ただ十重禁戒《じゅうじゅうきんかい》（菩薩《ぼさつ》が守るべき重要な十項目の戒律）などを授けるだけで、テーラワーダ的に見ると、あれでは正式に得度したことにならないんです。

――中国だとまた別かもしれませんが、日本では比丘戒《びくかい》の伝統が廃れて、大乗戒壇という変則的なものが主流になってしまったので。ただし、「一日不作　一日不食」の「作《な》す」という言葉を「仏道を歩む」というふうに取れば、別に問題はないですよね。

そうですね。

でも、私たちテーラワーダの出家はもっと厳しい。瞬間、瞬間、慈悲の気持ちでいるか、気づきをもって目覚めているかと、厳しいんですよ。テーラワーダ仏教の世界でも、「だらしない生き方をして、人々から施されたご飯を食べてはいけない」と厳しく言われてきたんです。

そういうわけで、われわれにも作務はたくさんありますよ。畑を耕したりはしませんが、仕事はいっぱいします。掃除やらお寺の修繕やら、私もけっこう大工仕事が得意でしたから。

——テーラワーダの出家の方々はそういうことは一切やらないのかな、と誤解をしていました。

かなり作務をやりますよ。上の衣は置いておいて、腰巻だけになって、はしごを登って屋根を直したりもします。戒律に反することはやらないだけです。

——なんとなく、「托鉢《たくはつ》して戻ってきたら、後はジーッとしているだけ」というふうに勝手にイメージしていました。

そういう宗派もないとは言えませんが、たとえばスリランカのわれわれシャム派という宗派は、ものすごく社会の中に入って活動しているんです。

道路がないという場合は、みんなお寺から出て行って、道路作りに協力したりする。そういう土木作業をやったり、あるいは現代的に、政治家がちゃんと人々のために仕事をするように交渉したり、デモを行ったりもするんです。

テーラワーダのお坊さんたちは、「一般の人々は一生懸命に頑張って仏教のお寺やお坊さんたちを守ってくれている」と思っています。そこで一般の人々に困ったことがあると、たとえば権力者たちが一般の人々の生活に介入して不当なことをしたりしたら、その権力者に向かって、「お前は何をやっているんだ」と立ち上がるんです。それは一見、政治活動のように見えるかもしれませんが、仏教を守ってくれる信者たちのために、信者ができないことをお坊さんがやっているんです。


——要するに、「自分が食うために何かをやるということではない」ということですね。

自分が食うために何かをするのではないんです。義務としてさまざまな作務をするんです。

――戒律に反しない範囲で、人々のためになることをする。それもまた作務であると。

もちろん、それはプラスアルファでしていることであって、普通はお寺や村にまつわることです。たとえば、村に水を飲むところがなかったら、なんとか苦労して井戸を掘ってあげるとか。

――なるほど。それは畑を耕して自分が食べるぶんの野菜を作ることよりも、お坊さんがやるべき仕事であるようにも感じますね。そう考えるとテーラワーダのお坊さんも、やっていることは作務を重んじる禅の修行者たちとあまり変わらない。

日《じつ》作《な》さざれば、
日食らわず。

――『百丈《ひゃくじょう》広《こう》録《ろく》』

◉働かないときは、その一日、ものを食べない。（弟子たちが作業具を隠して老齢の百丈和尚に作務の休息を懇願すると、和尚は食事を辞退し、弟子たちが「なぜ食事をなさらないのですか」と尋ねると、和尚はこう答えたという）

僧侶は一瞬たりとも怠けてはいけない

以前、スリランカで内戦があった頃、出家式を控えた子供の沙弥《しゃみ》（見習い僧）たちがタミル人のゲリラにたくさん殺されるという事件があったんです。

その後、そのタミル人がたくさん住んでいるスリランカの東海岸が津波で大きな被害を受けたんですが、そのときに被災したタミル人たちは、みんな仏教のお寺に避難したんです。沙弥たちを殺されたお寺にも、タミル人たちが避難してきました。

でも、そこでお坊さんたちは一切の恨みもなく、タミル人たちを必死で助けてあげたんです。ご飯を作ったり、援助物資を確保したり、あらゆることをやってあげたんです。

そこである人が、「あなたのお寺では、タミル人ゲリラにたくさんの弟子の子供たちを殺されてしまったではないですか」と聞いた。でもお坊さんは「それはそれ、これはこれ。一切の恨みを持たないで困っている人たちを助けることが私たちの生き方だ」と答えたんです。

「一日作さざれば、一日食らわず」云々という言葉は、中国では畑仕事にかぎったことになってしまったかもしれませんが、僧侶というのは瞬間たりとも怠けていてはいけないんです。そう戒められているんです。「瞬間たりとも無駄にするなよ。瞬間、瞬間、あなたには死が近づいていますよ。死ぬ前になんとか解脱に達しなさい」と言われているんですから、かなり厳しい。ブッダの言葉で言えば、「明日、死なないという保証はないんだよ。だから今日、不放逸《ふほういつ》で頑張りなさい」。

「一日不作　一日不食」という禅語は、この言葉のすごく俗世間的なバージョンですよ。

仏教では「働かざるもの食うべからず」ということは言いません。

でも、怠けていてご飯を食べたら、その食事はその人にとって借りになってしまう。いつか返さなくてはいけない、借金になってしまうんです。

出世間法【しゅっせけんほう】

苦を乗り越える、本当の教えとは

――道元禅師は「坐禅は安楽の法門なり」とおっしゃっていて、みんな「へ？」と思うじゃないですか。「何時間も我慢して坐っているのに、安楽の法門というのは、どういうことだろう」と思いますが、本物の修行者にとっては、一汁一菜の食事をとって何もしないでただ坐るというのは安楽であるという。仏道は「出世間法《しゅっせけんほう》」とも言われますが、やはりそこに俗世間の考え方を持ち込んでしまうと、わからなくなってしまうんでしょうか？

宗教も文化の罠にはまって崩れてしまうんです。俗世間が宗教家に向かって「ああするべき、こうするべき」とごちゃごちゃ言うんですね。文化にやられている連中は、そこで負けしまうんです。

たとえば、修行者はサンダルを履いても、革のサンダルを履いてはいけないとか、動物の皮だから可哀想でしょうなどと言って、草で編んだわらじしか履かないという人がいます。でも、お店で売っているサンダルなら、どれでもかまわないでしょう。あなたが革のサンダルを履いたからといって、牛さんが痛くなるんでしょうか?

そういう方々は、ただ単に俗世間が決めた修行をやっているんです。それは馬鹿馬鹿しい。俗世間は師匠でもブッダでもないんです。

仏教にかぎらず、宗教はだいたいこの罠に嵌められます。

たとえば、現代のテーラワーダ仏教でも、真面目に戒律を守っているお坊さんと言われる方々は、しっかり衣を着て自分の鉢を持って、どこへでも出かけます。

お釈迦様の時代、比丘《びく》が自分の鉢を持ち歩いたのは、インドにカーストの問題があったからです。他のカーストの人が使った皿はもう使えないとか、そういうひどい差別があったんです(まだなくなっていませんが)。お坊さんが自分の鉢を持ち歩いて、

仏氏《ぶっし》は出世間《しゅっせけん》の法為《な》り。――『碧巌録《へきがんろく》』序

●仏教は世間を離れ出た教えである。

その鉢で食事をして水も飲むようにしたことで、カースト差別の激しいインドでお坊さんが生活するうえでの、一つの問題が解消されたわけです。

それは古代インドにおける文化の問題に対応してそうなったわけで、それをそのまま現在もずっと守っていることが果たしてよいことなのか、ちょっと疑問もあります。

でも俗世間の在家信者の方々は、そうやって文字通りに戒律を守っているお坊さんを見てたいへんありがたがって、お布施もたくさん集まるわけですね。

現在のテーラワーダ仏教にも、同じ問題があります。そういう方々もあえて俗世間にアピールしようとする。キリスト教にしても、イスラム教にしても、同じようなことをしています。

とにかく、宗教家がどうするべきかということを俗世間が決めてしまうんです。

私が駒澤大学にいたときも、「こんな袈裟《けさ》を着て学校に通うのはおかしい。日本のお坊さんもみんな普通にスーツを着て通学しているんだから、あなたも袈裟なんか脱ぐべきだ」「日本の社会に合わせるべきだ」などと、散々言われました。

でも、私の反応は「だから、なに?」だけです。

私は日本に来て三十年以上経ちますが、一日たりとも衣を脱いだことがないんです。

私は悪人扱いされたとしても、ブッダの世界から抜けません。先輩として尊敬できる、学識があっていろいろな経験があるお坊さんがアドバイスしてくれるのであれば、その意見は喜んで聞きますよ。しかし、俗世間の意見は聞きません。

よくあるのは、「仏教徒のくせに肉魚を食べるのか」という意見。お釈迦様が決めた戒律では、殺生は禁じていますが、「肉魚を食べるな」とは言っていないんです。生命を殺してはいけないということと、死体になっている肉魚を食べないということとは同じではないんです。

仏教的には、みんなに肉料理を食べさせるために家畜をわざわざ殺したならば、それはよくないことです。戒律にも違反しています。でも、肉食と殺生をすることを同一視するのは非論理的です。肉というのはあくまで品物です。もう死んでいるんです。そこで、肉ではなくて、「ジャガイモを食べなさい」と言われても、ジャガイモはまだ生きている。放っておけば芽が出ますからね。肉はどうやってまた鶏に戻りますか？　絶対に戻りません。ただ腐っていくだけです。

これはちょっと極端な話ですが、ジャガイモを食べるよりは、すでに命がなくなっている肉を食べるほうが親切です。腐っていく肉を食べて、ちょっと体にリサイクルしてもらう。カラスに肉をあげてもその後たいしたことをするわけではありませんが、私が肉を食べたら、その後で皆さんに説法したりして、いろいろと世の中の役に立つことができます。どうせ腐るなら、こちらでリサイクルしたほうがよいのです。

「生きたい」という存在欲を捨てるのが仏教のゴール

ちょっと余計に辛口で言いましたが、ポイントは、そうやって世間が勝手なことを決めるということです。そこで仏教徒が肉を食べなかったら、殺される動物が減るでしょうか？　別に減りませんね。

たとえば世界中の仏教徒が肉食をやめる。テーラワーダ仏教の国でも大乗仏教の国でも、魚を食べることをやめる。そうしたら、漁師さんに獲られる魚の量が減ると思いますか？　減りませんね。減らすためには、地球スケールで漁業を止めなければいけないんです。

また、命とは弱肉強食で成り立っているもので、生きながらそれを変えるということは不可能なんです。われわれ人間も弱いものを食べて生きています。カラスにしても、カラスに食われる小鳥たちにしても、さらに弱い生命を食べて生きているんです。

ですから、「肉食がけしからん」という人は、われわれにではなくて、森羅万象を作ったという神様に文句を言ったほうがよいのです。

われわれ仏教徒は、「輪廻《りんね》の仕組みはとても怖くて残酷で危険なものだから、生きたいという存在欲を捨てましょう」ということにしているんです。存在欲があると、生命は誰でも残酷な生き方をしなくてはいけない。それで因果法則で不幸になる。「生きるためだから仕方がない」ということは、仏教では成り立たないんです。

行為には結果があるというのは厳然たる真理です。ヘビがカエルやネズミを呑み込む。ワシや猛禽類は子育てのときになると大量の獲物をとる。それは俗世間的には仕方がないことです。

でも、彼らは他の動物の子供を殺して自分の子供に食べさせているんです。残酷な行為です。それは善悪どちらの行為かと言えば、悪行為なんです。その結果は自分で受けなくてはいけない。業《ごう》（カルマ）というのは人間だけの話ではないんです。業というのは生命の法則ですから。

そもそも輪廻というのは、ろくでもないものなんです。決して命を賛嘆することはできません。

ですから、お釈迦様は輪廻の苦を乗り越える「出世間法」を説かれたんです。

公案【こうあん】

ブッダが教えた真理を自分自身が納得できるか

——禅宗、とくに臨済宗では、坐禅中に公案《こうあん》（優れた禅者の言行録にもとづいた禅の問答や問題。古則ともいう）について考えるという修行があります。そのようなやり方は、初期仏教的にはどうなんでしょうか？

それは一概には言いづらいですね。

公案というのは人間が作った文化的な作品ですから、的外れのもののほうが多いと思います。私たちも、ブッダの言葉を自分の修行のモットーとする場合が結構あります。でも、それは公案のようにややこしいものではなくて、よく理解できる言葉なんです。はじめから理解している言葉について、意味は何なのかとわざわざ探す必要はありません。

たとえば、ブッダの「諸行無常（sabbe《サッベー》 san.khārā《サンカーラー》 aniccā《アニッチャー》）」という有名な言葉があります。あるいは「諸法無我（sabbe《サッベー》 dhammā《ダンマー》 anattā《アナッター》）」とか、そういうブッダの言葉を覚えておく。諸法無我などの言葉はブッダが教えた真理です。でも、それが自分にその通りだとわかるのか。自分自身がそれを納得できて、自分の経験で再び「諸法無我」と言うことができるのか。そういうところが修行なんです。

修行して修行して、自分が体験する。そこで自分も「諸法無我」と言うんです。その言葉は、その人が悟ったことを表現しているんです。

ですから、「諸行無常」という言葉も、テーラワーダ的には公案なんです。公案ですけれども、「諸行無常」という言葉は誰にでも理解できます。禅の公案のように、ナゾナゾの要素はないんです。

問題は、自分自身でそれを納得しているのかということです。自分で体験して納得したら、「あんた、修行したでしょ？ 何がわかったの？」「はい、諸行無常です」と

虚空を粉にして持ってこい。
――白隠《はくいん》下雑則（白隠の
門流の公案《こうあん》のひとつ）

なる。

「それは前もって私も言っていたでしょうに！」とツッコみたくなるところですが、でも、その言葉は修行前とは違うんです。

そういうふうにブッダの言葉を使うんです。

結論としては、禅の公案とブッダの言葉は、似ていないように見えますし、歴史的にも文化的にも差はありますが、でも、エッセンスの部分はだいたい似ていますね。

隻手音声【せきしゅおんじょう】

打たない片手の音とは

――日本で最も有名な公案というと、白隠《はくいん》禅師の「隻手音声《せきしゅおんじょう》」、「片手の音とはなんぞや」ではないかと思います。スマナサーラ長老はこの公案をどういうふうに提唱されますか？

それはいたって簡単です。音がどういうふうに鳴るのかというと、何かと何かがぶつかって音が起きる。

じゃあ、ぶつからなかったら？

――音は鳴らないです。

そのことに「音」と言うだけです。

――鳴らないことに「音」という。

すべての物事は因縁によって成り立っている、だからモノがある。音ということを考えたら簡単にわかるでしょう。AとBというモノがぶつかることで音が成り立ったんです。だから、音には実体がないんです。因縁が組み合わさらなかったら、そこにあるのは真理の世界で、そこには言葉がないんです。言葉も現象も何もないんです。いわゆる「無」を教えているんです。仏教でいう「空性」というか、「解脱」というか、その心を説いているんです。

ですから、「片手の音とはなんぞや?」と聞かれても、ナゾナゾに答えようとしないで、音はどうやって成り立つのかと自分で発見しなくてはいけないんです。

実体がないというのは、音だけではないですよ。すべては原因で成り立っているでしょ？　音というのは、世にある一番わかりやすい例なんです。難しいこと、ややこしいことを言わなくてもわかりますからね。

たとえば、ここにテーブルがある。でも、そもそも人間が存在しなければテーブルという道具もないでしょ？　しかし、テーブルを例にする場合は、原因がたくさんありますから、ちょっとわかりにくくなるかもしれません。

すべてのもの、すべての現象が原因によって成り立っているんです。だから、そのいずれにも実体がないんです。ちょっと幻覚を作っているだけ。

たとえば映画とかビデオがありますね。映画というのは、プロジェクターから光を出して映像という幻覚をつくるんです。スクリーンには、本当は映像なんかないんですよ。目で光を見て、頭の中で組み立てて映像という幻覚をつくっているんです。幻覚に実体があるわけないでしょ？

そういうことで、突き詰めていけば、一切のものは現象です。家も建物も私もあなたもすべて、世界も宇宙も何でも実体のない現象なんです。原因によって瞬間的に成り立っているだけなんです。

両掌《りょうしょう》相い打《あ》って声あり、
隻《せき》手《しゅ》に何の音声《おんじょう》かある。
——白隠《はくいん》

●両方の掌を打てば音がするが、打たない片手にはどんな音がするか。

では、原因がなければ？　「隻手音声」とは、それを言っているんです。

公案の中でも一番簡単な公案が、誰にも答えられないんです。でも、答えは、それなんです。これを尋ねた禅師は、弟子に悟りを、まっすぐ直接に示したんです。

俗世間の人々は自分が持っている概念で、頭で理解しようとする。公案に答えられなかったら、「ああ、すごい言葉だ」と余計に褒めるだけ。

もっとも、これがすごい言葉であることは間違いなく確かですが。

狗子仏性【くしぶっしょう】

一つの公案が解けたら、全部の公案の答えが見えてくる

――公案といいますと、中国で編まれた『無門関《むもんかん》』という公案集に「狗子仏性《くしぶっしょう》」という有名なものがあります。「子犬に仏性はあるのか」という問いなんですが、あるところでは「有」ととなえたり、あるところでは「無」ととなえたりします。そのあたりはどのように長老は解釈されますか?

それはいっぺんに答えられませんし、一つ一つ私なりの解説があります。

たとえば、狗子仏性という場合は、「子犬に仏性があるのか」という問い自体が、「悟

りの世界に言葉をかけることほどアホなことがあるのか」と聞いているんです。「言葉をかけるならば、じゃあ、答えてみろよ」と。

たとえば、先ほどふれた天台本覚論（37ページ参照）では「本来みんな悟っている」と言うでしょ？ じゃあ犬はどうなのかと。犬に仏性があって、犬もブッダだと言うなら、「じゃあ、犬を拝みなさい」という話になりますよね。そういう問い自体がいかに愚かなことかということを教えているところなんです。

だから私は「狗子仏性」というのは見事なフレーズだと思いますよ。答えは「このアホ」なんです。

現象世界に足を引っ張られて、迷路のようなところで、あっちに行ったりこっちに行ったりして苦しんでいるだけ。

このフレーズはすごく文学的でもあります。「犬に仏性ありや」という問いに答えたら、それはアウトです。答えが成り立たない問いを出すことで、その人が抱えている固定概念を壊すんです。

そうやって、自分自身の愚かさに気づいてほしいということなんです。言葉に引っかかっているのはあなたでしょう、と。

――臨済宗の修行僧は僧堂に入ると最初にこの狗子仏性の公案を師僧から授けられるそうですが。

それは宗教的な文化としてやっていることです。だから誰も答えを見つけていないでしょ？

私は駒澤大学の大学院にいた頃、気楽な生き方をしていましたから、友達のお坊さんに対して挑戦的に言ったものです。「禅宗のお坊さんで悟っている人は一人でもいるの？」とか、「公案の意味を知っている人は誰かいるの？」とね。

そう偉そうに言ってから、「じゃあ私に聞いてみて下さい、どんな公案でも答えを出してみせますよ」と宣言したんです。

それで一人、二人ぐらいはものすごく怒って挑みかかってきて、私に公案を出しました。出された公案に私は「答えはこれじゃない？　じゃあ、もう一つ出してよ」と言って、次のものにも答えたら、相手のお坊さんは体中からだらだらと脂汗を流して、それっきりで終わりでした。

自分が知らない世界があるんだと、彼はわかったんです。

――よく臨済宗では、公案を百則、二百則通ったら老師を名乗る資格があるんだ、というようなことが言われるようですが。

なるほど。人格に点数をつけているんですね。

三流の大学を出た人よりは、東大卒の人のほうがレベルは高いでしょうね。でも、資格とは、俗世間の話です。宗教組織の場合も、人を判断するために点数制度を作っているような気がします。日本にある新興宗教だと、開祖様が書いた本を何冊か読めばこの位を得られる、というのがありますね。そんなもんですね。

そういう位があったりステータスがあったりというのは、文化的な約束事でまとめられた宗教というだけのことです。

私たちにとっても難しいところはあります。まずどんな人間もそれなりの文化を持っている。食べるときは文化がある。服を着る場合も文化がある。履物をはく場合にも文化がある。文化なしに生きることはできないんですね。

趙州《じょうしゅう》和尚、因《ちな》みに僧問う、
「狗子《くし》に還って仏性《ぶっしょう》有りや」。
州云《いわ》く、「無」。

――『無門関《むもんかん》』一

◉ある僧が趙州和尚（唐の禅僧）に向かって、「子犬（狗）にも仏性がありますか」と尋ねた。すると、趙州は「無」と答えた。

しかし「文化が人生」ではないんです。そこは区別しなくてはいけません。それが難しくなっているから、みんな失敗するんです。禅宗にかぎらず、他の宗派仏教でもみんな文化を身にまとっている。衣装こそが人間だと勘違いしている。どんな人間も衣装を着ていますよ。でも、衣装こそが人間ではないんです。

一つの公案に正しい回答を見つけた人は、すべての公案に答えることができるようになります。なぜならば、すべての公案は一つのことを指しているからです。

百則、二百則の公案の答えを知っているというならば、その人は一般的な知識人でしょう。

精神的に優れた人の場合は、一つの公案に答えを見出したならば、すべての公案の答えを知っているんです。

東山水上行【とうざんすいじょうこう】

俗世間の見方の反対こそが正しいと発見する

——公案の「東山水上行《とうざんすいじょうこう》」について解説していただけますか。

表面的に読むと、「山が水の上を泳いでいる」という意味でしょうかね？　一般人の考えからみれば、絶対ありえないことです。でも、真理は、本当は世間の知識とはまるっきり逆なんです。

たとえば、「金《きん》は価値あるもので、大事にしなきゃ」というのは俗世間的な考えです。でも、金はただの金属であって、どうということもない。愚か者が金に執着するだけで、ただの金属です。宝石、宝石と言っても、科学的にはただの石でしょ？　ところが、世間はものすごい価値があると思っている。

そういうのは世間の、執着の認識です。価値を入れる認識なんです。いつでも何かを認識して、なんであってても価値を入れている。ときどき誰か有名人のサインが書いてあったら、「これはすごい価値だ」と額に飾ったりもするでしょ？　また、ポジティブな価値を入れられないものには、ネガティブな価値を入れる。

ポジティブであろうが、ネガティブであろうが、どちらでも価値は価値なんです。そうやって価値を入れる生き方というのは苦しいんですね。

人間の価値世界からみると、山は山でドカッと一か所に止まっているもので、水はそのまま流れるもので、「東山水上行」とはまるっきり正反対です。山が水の上に浮いて流れるというのは、まるっきりありえない話でしょう。

でも、それは「一般人にとってありえない」ということにすぎなくて、「東山水上行」こそが真理の世界なんです。

たとえば、「私がいない」ということは、一般人にとってはちんぷんかんぷんでしょ？

「えっ、何を言ってるの、私はちゃんといるじゃない。あんたは頭がおかしい」と思ってしまう。でも、「私がいない」ということが、ブッダの世界、真理の世界なんです。よくよく見ると、「私」はいないいんですから。俗世間の人々が調べていないだけなんです。よく観察していないだけなんです。

だから、「如何《いか》なるか是《こ》れ諸仏出身の処」と問われたら、なんのこともなく、文学的に「東山水上行」と答えるんです。そこが悟りが現れるところなのだと、俗世間の見方の反対こそが正しいのだと発見する。そうやってブッダたちは悟るし、われわれも悟るんです。そういうことを言っているんです。

あべこべなのは、俗世間のほうです。一般人はブッダの真理をあべこべに感じるかもしれませんが、それはわざとあべこべにして見せているんです。「できることなら、理解してみろよ」と、「水の上を山が浮かんでいくことが正しいんだよ」と。

仏教が「私はいない」と言ったとたん、「あべこべを言うなよ」と俗世間が反発する。しかし、「私がいる」というのは、ただ観察していないだけ。あらゆるものが流れるんです。眼・耳・鼻・舌・身・意に色《しき》・声《しょう》・香《こう》・味《み》・触《そく》・法が触れて流れていく。何ひとつ、瞬間たりとも止まることなく流れていくんです。目に見えることが、鼻で嗅ぐことが流れる。何ひとつ止まらないんです。「止まった私がいる」ということは、

「如《い》何《か》なるか是《こ》れ諸仏出身の処」。師云《いわ》く、「東《とう》山《ざん》水《すい》上《じょう》行《こう》」。――『雲門広録』

◉「諸仏の悟りの境地とは、どのようなものでしょうか」。師である雲門文偃《ぶんえん》（唐の禅僧）はこう答えた。「東の山が水上を流れてゆく」。

成り立ちません。認識が世間とあべこべでしょ?

だから、「世間があべこべである」と理解したら、即、真理の世界なんです。「東山水上行」とは、そういうことを言っているんだろうと思います。

世間の考えに乗るのではなくて、それが本当なのかと調べなくてはいけない。「世間ではこう言っているけど、本当にその通りですか」と観察する。そうして最終的に、世間こそが幻覚であったと、夢のようなものであったと、わかるんです。

喫茶去【きっさこ】

今の瞬間でやるべきことだけを行う人間になれ

——「喫茶去《きっさこ》」というこれもまた有名な公案があります。趙州《じょうしゅう》が訪ねてきた二人の修行者にこう尋ねました。「あなたは前にもここに来たことがあるのか」。すると、「はい」と答えた者にも、「いいえ」と答えた者にも、趙州は「喫茶去」と言う。「お茶を飲んで出直してこい」「お茶を飲んで出ていけ」みたいな感じでしょうか。最近は「お茶でもどうぞ」というふうにも解釈されるんですが、もともとはわりと厳しい意味のようです。

この言葉は、まさに「一期一会」ということを言いたがっているのではないでしょうか？　「来たことがある」と答えても間違っているし、「ない」と答えても間違っていて、成り立たない。ですから、固定概念をもっていたらダメです、出直して下さいと。

――本当に真理に目覚めている人であれば、禅師がスッとそういうふうに尋ねたときに、ちゃんと適切な答えができる、というわけなんでしょうか？

別にめちゃくちゃなことは言っていないんです。まだ目覚めていない人が真理に達しなければいけないんです。その人は禅師の問いにイエスかノーかで答えなくてはならない。でも、イエスと答えてもノーと答えても結局は追い出されるんですよ。

かといって、たとえば、「来たことがあるのか」と聞かれて、「一期一会だから、瞬間の出来事だから、過去も将来もない」と言っても、「お前は態度がでかすぎる。帰って下さい」となる。

私も個人的に、修行中の人が頭であれこれ組み立てた「正解」を持ってきた場合は、もうその人を相手にしません。あまりにも自我が膨らんでいるんだから。

——自分で正解を持ってきてしまう人は、逆に「お前は出ていけ」と言わざるをえない。

「やっぱり言葉になりません」と答えたり、あるいは「じゃあ、どう答えよう。あの禅師は教えてくれるんだろうか」と思って何かを答えても、結局は追い出されますから。

状況を知っている人なら、まずわざわざ答えようとしないかもしれないし、あるいはその場で、全く突飛なことを言う可能性はあります。

窓の外を見て、「禅師様、花が咲いていますが、去年も咲いたのでしょうか?」と逆に聞いてみる。それで、禅師様が「去年も咲いていた」と言ったらアウト、「去年は咲かなかった」と言ってもアウト。

そういう言葉にならない世界ですね。

——その場合は、言葉にならないということをお互いに知っているわけですよね。

師、二新《しん》到《とう》に問う、
「上座、
曾《かつ》て此《す》間《かん》に到るや否や」。
云う、「曾て到らず」。
師云う、「喫《きっ》茶《さ》去《こ》」。
又那《な》一人に問う。
「曾て此間に到るや否や」。
云う、「曾て到る」。
師云う、「喫茶去」。
——『趙州《じょうしゅう》録《ろく》』下

◉師（趙州和尚）が二人の修行僧に尋ねた。「ここへ来たことがありますか」。一人はこう答えた。「ありません」。師は言った。「茶を飲んでから出直してこい」。またもう一人に「ここへ来たことがありますか」と尋ねると、その僧はこう答えた。「あります」。師は言った。「茶を飲んでから出直してこい」。

喫茶去の公案には、本当はそういうふうに答えを出さなくてはいけないんです。

「場所」のことを聞いているのではない

俗世間的にみると、固定概念、先入観があると、真理がわからない。「来たことがあるのか、ないのか」という質問は、結局、「お前に先入観があるのか、ないのか」と聞いているんです。

そうすると、「ある」と言っても先入観で、「ない」と言っても先入観。先入観が全くなければ、答えられないんです。

正解になるのは、私が今言ったように、たとえのようなものをその場で出すことなんです。それも、その瞬間でないとダメです。

そう難しいことではありません。だって、すべての現象が仏教を語っているという見地からみると、見つからないはずがない。なんでもいいんです。

その禅師様の前に、当時はなかったんですが、ボールペンがあったとしましょう。禅師様に「ボールペン、もとはどこにあったのでしょうか？」と聞いたら、どう答えるでしょうか。「ああ、あっちにありました」というのは俗世間の答えです。「あっち」にあったのは「あっち」のボールペンで、こっちにあるのはテーブルの上にあるもので、認識が違うんです。同じではないんです。

普通の人は「あっちにあったボールペンが、こっちに置いてある」と言います。その人にはモノが存在するからです。でも、モノが存在するのではなくて、認識が生まれているだけですから。

「あっち」にあったときの認識は過去の認識で、「こっち」にあるというのは現在の認識で、この認識は二つとも同じではないんです。同じ認識が流れるということもないんです。同じテーブルの上のボールペンを見ていると、時間がたつんだからね。自分の身体も変化するんだからね。認識しては消える、認識しては消える、ということなんです。それぞれ一個一個で、同じではないんです。似ている現象が流れるのだから、まとめて固定概念にしてしまうだけ。

というわけで、喫茶去というのは、固定概念があるのかないのか、先入観があるのかないのかを聞いている質問で、それをみんな、場所のことを聞いたと勘違いしたんです。

「以前、ここへ来たことがありますか？」

「来たことがあります」

「では、お茶を飲んで今の瞬間を楽しんで帰りなさい」

「来たことは無いです」

「では、せっかくだからお茶を飲んで今の瞬間を楽しんで帰りなさい」

というわけで、「喫茶去」とは、今の瞬間でやるべきことのみを行う人間になることでしょう。

廓然無聖【かくねんむしょう】

「自分」という箱をこじ開けて見てみたら……

――その昔、梁《りょう》の武帝が達磨《だるま》大師に「如何《いか》なるか是れ聖諦《しょうたい》第一義」、つまり、「仏教の聖なる教えの真髄とはどのようなものか」と尋ねたところ、達磨大師は「廓然無聖《かくねんむしょう》」と答え、また武帝が「私の前にいるあなたは誰ですか」と尋ねたら、達磨大師が「不識《ふしき》」、つまり「知らんわ」と答えたそうです。このやり取りに出てくる「廓然無聖」というのは、悟りのことでしょうか？

私には漢字の意味がわからないところがありますからね。「無聖」はわかります。「廓然」というのは？

――廓然とは「台風一過のカラリとした空のような」とか、「心が晴れわたり、わだかまりのないさま」といった語釈がされます。「廓」という字には、城の外囲い、外枠、囲まれた場所といった意味があります。


なるほど。おそらく、こういう意味でしょう。

「われわれががんじがらめにして価値を入れて守っているものすべては、結局は無聖である」

われわれはいろいろなものに価値を入れて、執着して、自分に一番価値を入れて執着しているでしょ？　「自分」というのはそうやって壁からできているもので、内と外を隔てることで「自分」と言っているんです。

でも、内を見ても、聖なるものは何もないんです。

たとえば、宝物がいっぱい詰まっていると思って、ある箱を厳重に警備して守っているとしましょう。しかし、その宝物は何かと誰も知らないんです。こんなモノが入っ

梁《りょう》の武帝、達磨《だるま》大師に問う、
「如《い》何《か》なるか是れ聖諦《しょうたい》第一義」。
磨云《いわ》く「廓《かく》然《ねん》無《む》聖《しょう》」。
帝云く「朕《ちん》に対する者は誰そ」。
磨云く、「不《ふ》識《しき》」。帝契《かな》わず。
達磨、遂に江を渡って魏に至る。

——『碧《へき》巌《がん》録《ろく》』一

●梁の武帝（梁の初代皇帝。四六四〜五四九年）が達磨大師に尋ねた。「神聖この上ない真理とはどういうものか」。達磨は答えた。「がらんとしていて聖性がない」。武帝が言った。「私に対しているものは誰だ」。達磨は言った。「知らぬ」。武帝と達磨の機縁はかなわず、達磨はついに川を渡り、魏に移った。

ている、あんなモノが入っている、と推測して議論するだけです。そこで、ある乱暴者が警備を突破して箱をこじ開けてみるんです。中は空っぽで、埃しかない。翌日、関係の人々が調べたところで、箱がこじ開けられたことは明らかですが、中に何も無かったこと、犯人が何も持っていかなかったことに気づきます。今、目の前にあるのは、古臭い箱だけです。では改めてもう一度、厳重に警備する必要があるでしょうか？

そのように、人間は「自分」という箱をこじ開けて見ないんです。それは犯罪行為だと勘違いしているんです。「大事なものだ」「この上のない価値あるものだ」「神様から授かった命だ」「死後、永遠になる命だ」などなど、無意味な議論と妄想をするだけです。勇気を出して、箱をこじ開けて見ないんです。ただ、厳重に守ることだけをやっているんです。

すべての人間がそういう生き方をしています。みんな自分を守っているんですね。いろんな方法で築かれた壁を守っているだけで、じつは中身は何もないんですよ。

――それだったら、これは答えがぴったり合いますね。禅語の解説書を読んでもよくわからなかったんですが、今の説明だとすごくよくわかります。要するに、「空」という話でしょうか？

一般的に、「空」というよりは「無聖」と言ったほうがかっこいいと思いますね。聖なるものはないという意味でしょ？　価値あるものがない。

私は、スリランカの仏歯寺《ぶっしじ》のことを思い出します。

昔から広大な敷地のお寺で、キャンディ王朝（スリランカの王朝。十五〜十九世紀）の時代からさまざまなしきたりがあって、一日五回もお勤めがあるんです。

それもすごいお金がかかって、セキュリティチェックも厳しくて、一般人が入れない場所もたくさんあります。

仏舎利《ぶっしゃり》を入れた容器は馬鹿でかくて、純金でできています。それを開けると、また入れ子状態で複数の舎利容器があって、それぞれに鍵がついているんです。

鍵を持っているのは三人で、三人揃わないと鍵を開けられない。そうやって厳重に管理されているんですが、中にあるのはほんの小さなお釈迦様の歯が一本なんですね。

もし誰かが「あんなものはインチキだ」と言ってしまったら、そこですべての価値が消えてしまうんです。

万法帰一　一帰何処

【まんぼういちにきす　いちいずれのところにかきす】

すべてのサイクルから抜け出る

——次にお伺いしたいのは、「万法帰一　一帰何処（万法《まんぽう》一《いち》に帰す、一《いち》何《いず》れの処《ところ》にか帰す）」という言葉です。これもちょっと公案っぽい感じですね。世間でよく言われているのは前半の「万法帰一」だけですが、『碧巌録《へきがんろく》』という禅の公案集にも出てきます。

その答えは、「一は万法に帰す」でしょう。それでサイクルが生まれるんです。その言葉を作った人は、そこまではわかっていないんです。

——一は万法に帰する。それが輪廻のサイクルだと。


それは理論的な思考だけの世界なんです。

万法というのは現象のことですが、一切の現象の本来の本質というのは同じものですから、哲学的に「一」と言ってもかまいません。しかし、「一」が作った現象はサイクルでしょ？ じつは、万法は一度たりとも「一」に戻ることはないんです。万法は万法のままで流れるんです。だから、それぞれの現象に実体はない。でも、実体がないという性質をとって「一」だというふうにも言えるんですね。

この「一」というのは、大乗仏教やヒンドゥー教では大事なフレーズになっていますが、仏教には関係ないんです。大乗仏教でも、とくに後期になってくると、「一」というのは何か実体のように捉えるようになります。

しかし、お釈迦様の教えでは、「一」というのは別の道で取り扱っているんです。

――パーリ経典に、こんな沙弥（少年僧）の話がありますよね。お釈迦様が阿羅漢果《あらかんか》（最高位の悟りの境地）に悟った沙弥の少年に質問をします。「あなた、一とは何ですか？」。それに対する沙弥の答えは、「一というのは食（アーハーラ）ですよ」。

それが本物の答えなんです。意味は、「すべては原因によって成り立っている」ということです。アーハーラは「食」と訳されますが、原因のこと。アーハーラがなければ何も成り立ちません。ローソクの炎は蝋と芯がなければ成り立たないように。

お釈迦様から「一とは何か？」と聞かれたんですから、沙弥も阿羅漢だからきちんと答えたんです。しかし、みんなが「一」に引っかかることも止めなければいけない。禅の言葉と同じく、みんな「一」という言葉にどこかで足を引っ張られてしまうんですね。

だからお釈迦様は「一」から始めて、「二とは何ですか？」「三とは何ですか？」……というふうに「十」まで質問したんです。「一こそ真理である」と執着することを、お釈迦様はものの見事に回避させてみせたんです。

――なるほど。お釈迦様は人間の心理がよくわかってらっしゃったんですね。確かに「一とは何か？」とだけ言われたら、「一」に引っかかって釘付けになってしまいますよね。

ですから、「万法一に帰す」と書いてしまうと、そこから邪見に陥って、どうしようもなくなってしまうんです。

でも、そう生半可なことは言えません。

だからこそ、お釈迦様は「一」から「十」まで列挙しているんです。百まで数えても、百八まで数えても、それはそれでどうぞと。仏教でいろいろな数字を挙げて教えを説いているのは、「一」ということに囚われていないということを示しているんです。

――確かに、われわれの日常会話でも「それ一言でまとめるとどういうことですか？」などと、「一」に集約してしまいたがる傾向があります。

「一言でまとめなさい」というのは、「自分の頭の中にある一つの概念で理解できるように集約してまとめなさい」という意味でしょう。実際には、一言では何も表現できませんよ。

万法は一に帰し、一はまた万法になる

面白いことに、一言というのは意味を持っていないんです。名詞としての意味は持っているかもしれませんが、名詞は単なるラベルです。言語はもともと動詞であるべきという考え方になると、たとえば、「降る」という動詞は言語ですね。それで理解できるでしょう。たとえば「上がる」と言われたら「何が？」ということになりますよね。

だから、一言では何も言えないんです。何かの現象に引っかからなくては、意味のあることは言えない。言葉で現象世界の状況をそれなりに表現しようとするならば、「雨が降る」と言わないと「ああ、わかった」ということにならない。「わかった」というのは現象がわかったということです。雨が降っているという現象が経験的にわかる。

だから、「一言で言いなさい」というのは、正確には「一つのフレーズで言いなさい」

ということになるんですね。頭の中にあるたくさんの概念ではなく、ある一定のところにまとめるということになりますが。

大乗仏教で好まれている「一即一切《いちそく》　一切即一《そくいち》」というのも、これ（「万法帰一一帰何処」）から作ったフレーズでしょうね。でも、ただわけのわからない概念が回転しているだけなんです。別に何かを言っているわけではない。

道徳的な必然性が入っていない言葉というのは、たとえ禅語であっても仏教的には無駄話なんです。「一即一切」といっても、そこになんの道徳も入っていないでしょ？「だから何ですか？」という話になります。

――そこは一つの見極め方になるんでしょうか。たとえ禅語であっても、「だから何？」という問いに答えがなければ無駄話だと。

万法帰一の「万法」というのは、原因と結果の流れですからね。

神話の世界には、「古《いにしえ》は混沌とした状態があって、そこからどんどん現象が生まれてきた」という話があるでしょ？　混沌という「一」からあらゆる現象（万法）があ

万《まん》法《ぼう》一《いち》に帰《き》す、
一何《いず》れの処《ところ》にか帰す。
——『碧《へき》巌《がん》録《ろく》』四十五

●あらゆる現象は根源の一に帰着するというが、では、その一はいったいどこに帰着するのか。

らわれたといっても、現象は決して元の「一」には戻らないんです。ズーッと別なものに変わり続けるんです。

たとえば、われわれがチキンを食べたら、食べたチキンは空にはならないんです。栄養とか体力とか、別な現象に転換するんです。そしてその現象もまた別な現象に転換するんです。そうやって流れ続けるんです。どう頑張っても「一」に帰することはないんです。破壊しては別な現象に変わるんです。

ご飯を皿に盛ってそのまま置いておいても、いつかすべて消えて、何もない状態になるということはないんです。ただ変わり続けるだけです。

ただ変わり続けるところに、破壊という法則が入っているんです。因縁によって成り立ったんだから、そのままでは持たない。因縁が変わると、また別な現象にならなくてはいけない。破壊というのは普遍的な真理なんです。仏教でいう無常ですけれどもね。

究極的には、大宇宙・大生命の破壊にまで至るんです。その時は「一（混沌）」に戻るんですが、あっという間にまた現象があらわれてしまう。そうやって、仏教では宇宙・世界の破壊と生成を語っているんです。

しかし、それは物理宇宙（器《き》世間）の話で、生命（有情《うじょう》世間）まで無になる、一に帰するということは仏教では言っていないんです。生命の心は別々、バラバラで、一つの心にまとまるということはありません。ただ、宇宙が消えたら場所（空間）がなくなるのだから、梵天と地獄という二つの次元に、すべての生命の心が収容されてしまうんです。

——場所が引っ越すだけで、唯一体に融合するということはない、ということですね。

そういうすべてのサイクルシステムから抜けなさい、というのが仏教です。「一に帰したから安心だ」という世界ではないんです。一からまた現象・苦が現れるわけですから。

だからこの禅語は訂正できます。

「万法は一に帰して、一はまた万法になるだけ」

つまり、「一は万法に帰す」ということです。

――一帰万法。それがある意味で答えですね。

こんなふうに私が軽々しく解説していいのかわかりませんが、それで道徳が成り立ちます。終わりのない輪廻のサイクル、ろくでもないサイクルが見えてきて、「もう嫌だ」ということになるはずなんです。

三　禅語からブッダの言葉へ

天人師【てんにんし】

ローカライズされたものではない、普遍的な真理とは

――禅もそうですが、東アジアの中国文化圏の場合は、三教一致といって仏教も儒教も道教《どうきょう》も――道教という場合は老荘《ろうそう》思想も入りますが――、それらはみんな同じことを言っているんだという主張がかつて強まったことがありますね。その中に、禅や仏教も全部呑み込まれてしまったようなところもあると思います。

それはちょっと分析してしゃべらなくてはいけないところです。

この世の中で、平和で幸せに仲良く豊かに生きるためにどうするべきかといえば、

みんなにそれを考える義務があるでしょう。国民が繁栄して喧嘩をせず、戦争をせずに幸福に生きたいという希望は、誰しもが持っている。自分も一人の国民だから、そのための方法を考える義務があるんです。

しかし、みんなが知識人ではないから、老子《ろうし》や孔子《こうし》とか、一部の人々しかそれを真剣に考えていない。たとえば儒教の孔子の場合は、俗世間に向かって、親孝行をしなさいとか、人間関係であれこれの礼を守りなさいなどと説いていますが、それは中国文化にかぎったことです。親孝行というのは、世界中誰にでも親がいるから、ある程度普遍的です。しかし、君主と臣下の関係は外国人にはないんです。外国人が君主に従う必要はない。だから、そこら辺でローカライズになってしまうんです。親はみんなにいるけれども、別に君主がいるとはかぎらない。政治体制だけにかぎっても、いろんな社会がありますからね。

社会というものは、いろいろとローカライズされて、時代によっても移り変わる。厳しい共産主義の社会では、自分一人が平和に生きていくために、それなりの工夫した生き方をしなくてはいけない。「各自で勝手にしなさい」という自由な社会であっても、それなりにその社会に対応した生き方をしなくてはいけない。

現代社会では、一部を政府が面倒を見て、一部を自分でやって下さい、という場合が多いですね。たとえばスリランカの場合、教育はすべて無料ですが、「勉強したら、あとは頑張って自分で仕事を見つけて下さい」となっています。ですから、国のお金で国際レベルの勉強をして、そのまま外国に逃げてしまう、頭脳流出という現象がスリランカでは一般的なんです。

どんな人の哲学・思想・宗教などであっても、そういうように普遍的な部分もあれば、ローカライズされた部分もある。ですから中国の文化の中で、誰だっていいことを言っているというのは一理あるんですが、仏教のように、「一切は無価値である。出世間《しゅっせけん》の境地をめざしなさい」ということは、老子も孔子も言っていないんです。老子は「道」という言葉を使って何となく言っているようでもあるし、本人もよくわかっていない感じですが、では「道は何なのか」というと、はっきりした答えはないのですから。

――老子はなんだかボヤッとした感じですけど、もうちょっと後代の荘子になってくると、「作為の世界を離れて自然法則に任せて生きる」というようなことは言っていますす。しかし、それを超越しろというところまでは言わないですね。

又仏は、一切有徳《うとく》の人を
崇重《そうちょう》し給うが故に、
一切衆生《しゅじょう》の上に居して、
天人《てんにん》の師たり。

――『明恵《みょうえ》遺訓《いくん》』

●仏は、すべての有徳の人を尊び重んじるので、一切衆生の上にあって、天と人の師となっている。（天人師：天と人の師匠の意。ブッダの異称〔仏の十号〕の一つで、この迷いの世界で天と人とを導くことによる）

そこまでのアイデアはないんですね。だって、仙人になりたがる中国人たちは不老長寿を考えていたんですから。後の道教になってくると、「山に入って自然と一緒にいればいいや」となる。あれは理屈ですね。自然と一緒になれば、一体化すれば、自然というのはすぐになくなるわけではないので、永遠でいられると思ったんでしょうね。でも、自然を見れば、じつは毎日変化して変わっていく。

――自然も無常だということには気づかないんですね。無常であり、苦であるというところまでは気づいていない。

そこまでわかっていないんです。

家の中で家族と平和に過ごし、周りと調和を保って自分がどう生きるべきか、ということについてのアドバイスは、誰にでも言う権利があります。インテリの人々はそれをはっきり言っている。でも、それを神の言葉のように無批判的に受け入れる必要はないんです。自分たちの観察範囲で適切なことを言っているだけですから。

――役割分担的なことはある程度は成り立つということですね。中国のローカライズされた文化の中で、たとえば、孔子の儒教はある程度機能するけれども、でも、それが仏教と同等ということは全くなくて、それぞれが言っていることは違うんだと。

仏教は最初からローカライズされたことは言っていません。普遍的な真理を語るんです。

ですから、経典は、お釈迦様の智慧は神々・梵天《ぼんてん》・沙門《しゃもん》・バラモンというすべてを乗り越えていると、お釈迦様は天人師《てんにんし》であると宣言しているんです。

なぜそう宣言するのかといえば、仏教は初めからあらゆるローカライゼーションを破っているんだと言うためです。お釈迦様は、たとえ相手が神であろうが「ブッダの話を聞きなさい」という態度なんです。「あなたは梵天ですか？　では、話を聞きなさい」という態度なんです。

ブッダの教えはすべて、初めから終わりまで普遍的な真理であって、ローカライズされたものではないんです。

天上天下唯我独尊【てんじょうてんげ　ゆいがどくそん】

自分と等しい者が一人もいないとわかった者の孤独

――お釈迦様が生まれたときにおっしゃられた言葉として、「天上天下《てんじょうてんげ》　唯我独尊《ゆいがどくそん》」という言葉がよく知られています。これも禅語として使われたり掛け軸に書かれたりしています。日本仏教だと、この言葉は「すべての生命は尊い」という意味なんだと解説される場合もあるんですが、どう捉えるのが正しいのでしょうか？

そのまま捉えればいいだけの話です。「天上天下　唯我独尊」という事実はいまだに何も変わっていないでしょ？

お釈迦様が生まれたときにそうおっしゃったかどうかはわかりませんが、「唯我独尊」ということは変わっていないんです。一般人から見れば傲慢な言葉のように聞こえるかもしれませんが、たとえば私が「私は僧侶です」と言うのは傲慢ですか？　それはただ事実を語っただけのことです。ハーバード大学で博士号を取った人が、「私はハーバード大学で博士号を取りました」と話すことは傲慢でしょうか？

——これは文字通りそのまま受け取るべき言葉であり、お釈迦様は生まれたときから天上天下唯我独尊という存在であったということですね。

そうなんです。お釈迦様に比肩できる方は誰もいないんです。それは歴史的にも証明されていることですから、しょうがありません。

また、そう思ったほうがとても気が楽なんです。経典を読んでみると、「自分の好み・考えからすると、これはどうなのかなぁ」ということもあるけれど、「唯我独尊なんだから、まあしょうがない。自分が悪いんだ、自分はまだまだ腰抜けだから、そこまでは頑張れないんだ」と割り切れますから。

——なるほど。「お釈迦様は天上天下唯我独尊の方なのだ」と思ったほうが、気が楽になれる。

お釈迦様がそうおっしゃったことで、人間はみな救われたんですよ。一般人も他宗教の人々も、何の躊躇もなしにお釈迦様からアドバイスを受けたんですから。「宗教が違うんだけど、この点はゴータマ・ブッダさんに聞いたほうがいいんじゃないか」というふうにね。

俗世間の方々には、お釈迦様のそのフレーズに対して挑戦する権利はあります。「唯我独尊と言われるが、本当にそうなのか。あなたはそうではないでしょう」というふうに言うことはかまいません。でも、それを知識的・学問的にちゃんと話し合って証明しなくてはいけません。ただブッダの悪口を言っても、意味がないんです。

また、大乗仏教で「みんな仏様だ（本来、みんな悟っている）」と言っているのは勘違いなんですが、その勘違いをこの言葉に合わせて、「だれもがみんな唯我独尊だ」と言ってしまうと、「この人、頭いかれてるんじゃないか？」ということになってしまいますよ。「すべての生命が唯我独尊である」ということなら、初めからそう言えばいいでしょう。でもこの言葉の出典となったパーリ経典（中部一二三『希有未曾有《きうみぞう》法経』）には、「aggohamasmi《アッゴーハマスミ》 lokassa《ローカッサ》（私はこの世で第一位にある）」と、「私は（aham《アハン》, I am）」とはっきり書かれています。普通パーリ経典では、「私は」という単語はあまり使われませんが、ここではははっきりと「私は」とおっしゃっているんです。

これは特別にそうおっしゃったんです。「特別に私にかぎって」という意味なんです。「他の人々は気にするな。自分もそうなりたいと思うのはやめなさい」ということなんです。これは特別なケースであって、経典にも、「これはブッダだけの特色だ」と明言しています。一般人に合わせて議論する必要は初めからないんです。

「赤ちゃんがしゃべるわけがないだろう」と言われますが、しゃべるわけがないんです。経典の中でもそう書かれています。一般の人間は、生まれてからすぐにはしゃべりません。しかし、菩薩《ぼさつ》はしゃべりましたよと。それが特別なことだということははっきりしていますから、信じたければ信じればいいし、信じたくなければ信じなければいい。それはみなさんの自由です。

ブッダの言葉というのは、だいたいパーリ経典の中で三か所以上は同じ内容が出てきます。因果法則を語った経典、四聖諦《ししょうたい》（苦諦《くたい》・集諦《じったい》・滅諦《めったい》・道諦《どうたい》という四つの真理からなる仏教の根本教理）を語った経典などは、膨大な数があります。学術的には、繰り返し出てくるものであれば、それは後世に付け加えられたものではなくて、ブッダその人の言葉ということになります。

でも、「天上天下　唯我独尊」という言葉はパーリ経典には、一か所しかありません。後になってくると、注釈書とかいろいろな関連する仏典に盛んに取り上げられるようになりますが。

——ただ、漢訳の阿含経《あごんきょう》（原始仏教の経典）でも取り上げられている言葉なので、あながち根拠が薄いということでもなさそうですね。

お釈迦様も毎日「自分が偉い」と言ってしまうとまずいので、どうしようもないときに、いちおうそのことを発表したんです。しかし、それは仏教の歴史では事実ですから、大乗仏教でもこれを捨てることはできない。だから、その言葉が残っているんです。

「唯我独尊」と「無我」の教え

――唯我独尊という言葉には「我」という言葉が入っていますが、仏教の「無我」の教えと矛盾しないものなんでしょうか？

この場合の「我」というのは、常住不変の「我（ātman）《アートマン》」という意味ではなくて、ただ普通に「私は（aham）」という文法的な用法です。それに、「天上天下　唯我独尊」と宣言したとき、お釈迦様はまだ菩薩であって、悟っていなかったんですから、「私」という実感がまだ残っていたのかもしれません。

「私」という気持ちで私と他人を比較したら、残念なことに、自分と等しい人はいない。それでお釈迦様は本当に困ったんです。自分に教えてくれる目上の人は一人もいない。それは、人間にとって最低最悪の状態なんです。「こうしなさい」「ああしなさい」「これをやめなさい」「これをやりなさい」と言ってもらわないと、成長できませんから。

天上天下《てんじょうてんげ》、唯《た》だ我れ独り尊し。今茲《ここ》よりして往生の分、已《すで》に尽く。

——『大唐西域記《だいとうさいいきき》』六

◉この世界において、ただ私だけが尊い。これが最後の生であって、今後輪廻転生《りんねてんしょう》することはない。

ですから、私はこの言葉については自分流の解釈をしていて、「これは困ったものだ」というお釈迦様の悲しみを表現した言葉だというふうにとっているんです。悟る以前のお釈迦様がもらした、嘆きの言葉というような感じで私は個人的に解釈しています。孤独であって、自分より目上の人はいないから、誰も助けてくれる人はいない。

個人的なことを言えば、私も自分の師匠が亡くなったときにこのような感覚をおぼえました。師匠がいたおかげで、いかに気楽にわがままに生きてこられたかと。だって、師匠がいたんだから。ちょっとハメを外して余計なことをしてしまうと、「あのね……」という師匠の言葉が飛んでくるんです。それでちゃんと自分を戒めることができる。すごく優しい師匠でしたが、「お前、そうじゃないんだけど……」という言葉が飛んでくるんです。それがあったから、自分は本当に楽に生きていられたんですよ。人と議論をするときでも、私が堂々と言いたい放題のことを言えたのは、師匠がいたからです。何かトラブルを起こしてしまうと、師匠が来てすぐ守ってくれたんです。「師匠が亡くなった」という知らせを電話で受けた瞬間、足が動かなくなってしまいました。「これで一人になったんだ……」。それからは、自分で判断して自分で自分を戒めるということに、自分で自分を制御する、管理するということになったので、あの気楽さが消えてしまったんです。

たとえば、子供にしても、親がいるからこそ、すごく気楽でしょ？　いつでも親がついているんだから。それが普通の世界なんです。

だから、生まれた瞬間に自分と等しい人が一人もいないとわかったとしたら……。それも人間の社会だけではないんです。神々の世界を見ても、自分と等しい人が誰もいない。この孤独さというのは、冗談じゃないんです。

これは見方次第ですが、私は完全にブッダの弟子ですから、そうやって解釈します。でも、他の人々が「それって、ただの自慢ではないか？」と思うのはかまいません。

――でも、今のお話を聞くと納得できるというか、なんとなくお釈迦様の気持ちがわかるような気になりますね。

客観的に見て、お釈迦様がこの世に現れて二千六百年以上経っているわけですが、お釈迦様ほどの人がこれまで一人でもいるんでしょうか。人類史上、お釈迦様に敵う人は、いまだに一人として現れていないんです。

拈華微笑【ねんげみしょう】

「ブッダは言葉で真理を語らなかった」は、本当なのか？

――「拈華微笑《ねんげみしょう》」は禅の世界では有名な話です。「インドの霊鷲山上《りょうじゅせん》でお釈迦様が一輪の花を持ってひねったら、それを見て摩訶迦葉《まかかしょう》尊者がニコッと微笑した。これによって文字にあらわせない深遠な真理、正法眼蔵《しょうぼうげんぞう》・涅槃妙心《ねはんみょうしん》が伝わった。だから、不立文字《ふりゅうもんじ》を掲げる禅宗こそが仏教の正嫡なのだ」というものです。もっとも、元ネタは中国で作られた偽経（『大梵天王問仏決疑経《だいぼんてんのうもんぶつけつぎきょう》』）らしいのですが……。

そういう作り話は、テーラワーダ仏教の伝統では認めませんから、私も相手にしないんです。

お釈迦様が般涅槃《はつねはん》（完全な涅槃。入滅）に入られた後で、摩訶迦葉尊者が今に続く仏教の開祖になったのは歴史的事実です。ですから、摩訶迦葉尊者が超偉い方だったのは確かです。

しかし、お釈迦様の二大弟子と言われたのは目連《もくれん》尊者（モッガラーナ）と舎利弗《しゃりほつ》尊者（サーリプッタ）で、サンガの責任はその二人が担っていたんです。

摩訶迦葉尊者については、お釈迦様と衣を交換したというエピソードがありますね。つまり、お釈迦様は仏教を次の世代に伝えるという仕事を摩訶迦葉尊者に任されたんです。ブッダの衣は、他には誰も着ることができませんが、お釈迦様が衣を交換するなどということをされたのは、摩訶迦葉尊者に対してだけです。お釈迦様が触れたものですら、すごく丁寧に扱うというのがわれわれ仏教徒の文化なんです。衣を着るなどということは、相当の聖者でなければできないことです。ですから、衣を交換するということになると、もう同格ということです。そういう摩訶迦葉尊者の偉大さを示すために、こうした訳のわからない神秘的な話を持ってくる必要はないんですね。

大乗仏教では、インドや中国でお釈迦様が教えてない経典（大乗仏典、偽経）もた

世尊《せそん》、昔、霊山会上《りょうぜんえじょう》に在って花を拈《ねん》じて衆《しゅ》に示す。
是《こ》の時、衆皆《み》な黙然《もくねん》たり。惟《た》だ迦葉《かしょう》尊者のみ破顔微笑《みしょう》す。
世尊云《いわ》く、「吾に正法眼蔵《しょうぼうげんぞう》、涅槃妙心《ねはんみょうしん》、実相無相《じっそうむそう》、微妙《みみょう》の法門有り。
不立文字《ふりゅうもんじ》、教外別伝《きょうげべつでん》、摩訶《まか》迦葉に付嘱《ふしょく》す」。

——『無門関《むもんかん》』六

◉ブッダが昔、霊鷲山《りょうじゅせん》で説法したとき、一輪の花をひねり取って修行僧たちに示した。このとき、僧たちはみな黙りこんでいたが、迦葉尊者（摩訶迦葉、マハーカッサパ）だけがニッコリとほほえんだ。そこでブッダは言った。「私には、仏法の根本真理、悟りの心、そして実相を無相とするすばらしい教えがある。これを、言葉や文字を用いず、心から心へ特別に伝えるものとして、摩訶迦葉にゆだねよう」。

くさん作ったでしょ？　彼らはブッダの真似をして、自分たちが考えた妄想の世界を経典のフォーマットに合わせて書いてしまったんですね。

書かれたものはそれなりの作品だから、次の世代の学生たちが学ぶ羽目になってしまいます。しかし、いくら後から大乗仏典を作っても、ブッダの生の教え（初期仏典）はあるわけで、そちらから批判されてしまう。それでこういう神秘的なストーリーを作り、テキストの内容に権威をつけるために「拈華微笑」のようなエピソードまで作られたのでしょう。

このエピソードは、「お前らにはわかるわけがない。ブッダは言葉で真理を語らなかった」ということでしょう。

しかし、これを作った方々が気づかないのは、言葉で言い表せないという真理について、延々と言葉で語ることの滑稽さです。大乗仏典といえば膨大な量がありますが、すべて言葉で語られていますよ。本当に屁理屈というか、矛盾がないところを探せないくらいです。

ですから、「拈華微笑」はもともと作り話だということで、私はゴミ扱いしているんです。

色即是空【しきそくぜくう】

実体を探そうとすると、何も見つからなくなる

――スマナサーラ長老は以前に『般若心経《はんにゃしんぎょう》は間違い？』（二〇〇七年、宝島社刊）という本も出されていますね。この経典に出てくる「色即是空《しきそくぜくう》」というフレーズは、よく掛け軸でも扱われます。『般若心経』だと「空即是色」と続いていて、それはおかしいと長老はおっしゃいますが、「色即是空」自体はブッダの教えそのままというふうに考えてよいのでしょうか？

そうですね。色《しき》（物質）のみならず、一切の現象は実体を探そうと思うと空になる

んです。

パーリ経典にあるのは、サーリプッタ尊者の言葉だと思います。「色（物質・肉体）、受（感覚）、想（概念）、行《ぎょう》（感情・衝動）、識（認識・心）という五蘊《ごうん》（存在を構成する五つの要素）を空性であると観なさい。実体がない、ゼロのものであると観なさい」と弟子たちに教えたんですね。そうやって、お釈迦様も空性について語られています。その場合も「空」ではなく、「空性（空という性質）」という、より厳密な表現を使うんです。

そうやって「空性」を観察すると、五蘊も六処《ろくしょ》（眼・耳・鼻・舌・身・意という六つの認識チャンネル）もすべて空であると見ることはできますけれど、それをひっくりかえして「空が色である」と言ってしまうとおかしいんですよ。色受想行識が空なのであって、逆に言ってしまうと論理学的に間違っているだけではなくて、真理の立場からも間違っています。

ですから、『般若心経』に出てくる「空即是色」というフレーズは、余計な間違った一言なんです。そのおかげで、空の理解が混乱して、何か神秘的な概念のようになってしまったんです。要するにブッダの説かれた真理が、信仰する宗教に堕落してしまったんです。

空とは「ゼロ」という意味なんです。すべては実体がないから、空（ゼロ）であると言えます。とはいえ、われわれが認識する現象世界はあります。あるけれども、確固たる実体としてあるわけではないので、現象世界はあくまでも空性（空という性質）なんです。

——経典の「空」は「ゼロ」という意味なんでしょうか？

そうです。漢文になってしまうと、「空」が何か実体をもつもののようになってしまうんですが、空という言葉は、本来「ゼロ」という意味なんです。

「不二一元論」は妄想の哲学

——それは「価値がゼロ」という意味ですか？

そこはちょっと説明が難しいところです。

ゼロというのもまた、プラスとマイナスがなければ成り立たないんですね。色というのはいちおうプラスの現象で、でもそれは空が作っているんです。

そこで、大乗仏教のように涅槃・解脱という空（ゼロ）から物事（プラス）が現れるんだとすると、ヒンドゥー教的あるいはキリスト教的な流出論になってしまうんです。そうだとしたら、解脱に達しても意味がありません。また現象世界に戻ってしまうわけですから。だから、空を涅槃・解脱と同一視して、それに宗教的価値を入れるのは全く間違ったアプローチです。現象世界を空性と観察して、一切の執着を離れるという、本来の仏教からの逸脱なんです。

はっきり言えば、「空即是色」の考え方は、仏教のヒンドゥー教化なんです。ヒンドゥー教では、かつて一切はブラフマン（宇宙の根本原理。梵）だったが、ブラフマンが二分化して、一つは現象の世界、もう一つは真理・アートマン（個我）としてあるのだとしています。

でも、もしそうだったら、現象になった連中が必死に修行をして梵《ぼん》我《が》一《いち》如《にょ》になったとしても、また梵我一如が壊れたらどうするのか、という疑問が生じるんです。元々、分化したものだから、そちらにまた戻ったからといって、自分がまたさらに分化する恐れから解放されたわけではないんです。不二《ふに》一元論などと威張っていますが、しょせんは妄想の世界で作った哲学であって、哲学といってもたいした哲学ではありません。

――でも、それがインドの主流の思想になっています。

インド思想の真髄ということになっていますね。

ヨーロッパ人たちもこの不二一元論はすごく好きなんですね。「この世の中は不二なんだ、一なんだ」と思うと、なんとなく自分が区別や差別をしない偉い人間になったような気分にはなります。「どんな宗教も同じことを言っているんだ」とか、「どんな宗教にも共通する真理を探し求めようではないか」とか。

でも、見つかりっこないとは思いますよ。もしみんな同じだったら、誰もバラバラなことを言う必要はないでしょ？　誰だって現象について語っているんですから、いくらか納得できるところもありますが、それだけのことです。

――「どの宗教でもいいこと言っている」くらいのことはありますよね。

誰もドラゴンの話はしないですからね。ドラゴンの角はこうなっているとか、髭が何本あるとか。そうではなくて、どんな宗教家も、日常経験するあれこれについて何かを考えて言っているので、それ自体はいくらか「ああ、なるほど」ということになるんです。しかし、真理を知り尽くしているということはないんです。

イエス様は「隣人を愛しなさい」とおっしゃいました。その言葉自体は悪くないんです。喧嘩するよりは仲良くした方がマシでしょ？　その程度のことです。

しかし、「では、なぜ隣人を愛するべきなのか？」という話はない。論理がしっかりしていないんです。

仏教のように、「隣人だけではなくて、一切の生命を慈しみなさい」と言う場合は、「生命は一つのネットワークで、すべての生命は助け合って生きている。だから自分が立っている土台を壊してはいけない」という理由が成り立っているんです。木の枝に坐りながら、幹の側をノコギリで切ってはいけない。これはきちんと論理が成り立っています。

色《しき》は空《くう》に異ならず、
空は色に異ならず。
色は即《すなわ》ち是《こ》れ空、空は即ち是れ色なり。
——『般《はん》若《にゃ》心《しん》経《ぎょう》』

●色（物質）は実体がないことに他ならず、実体がないことは色に他ならない。色とはつまり実体がないことであり、実体がないこととはつまり色である。

生命は他の生命がいないと、すぐに壊れてしまいます。それはブッダが超越的な智慧で発見された真理であって、「イエス様も同じことを言ったんだよ」という話は成り立ちません。

——四文字熟語で「万教帰一」などとよく言われますよね。すべての宗教は一つに帰するんだと。

それはありえないんです。教えというのは人の主観だから、似ていることは似ています。誰だって五根から得たデータを合成して考えてしゃべっているんだから、まあ似てはいます。

——しかし、真理を知り尽くして語っているのはブッダしかいない、ということですね。

その通りです。

見色明心【けんしきみょうしん】

心が物質世界に束縛され、依存していることに気づくと……

――「見色明心《けんしきみょうしん》」という禅語について教えていただけますか。

色《しき》というのは、物質の世界のことでしょう。われわれがいつでも気にしているのは物質世界なんです。自分の体、それから回りにあるもの、見るもの、触るものとか、そういうことで外の世界をみんな見ているんです。

心というのは物質世界に好き勝手に支配されている。たとえば、滝を見ていると気分がよくなってしまう。いろんなイルミネーションを見ても、やけに気分がよくなる。けれども、そこで「もっと美しいイルミネーションを見よう」という欲で追い求めることをやめて、「ああ、心というのは、こうやって色の奴隷になっているんだ」と理解する。それが「見色明心」ということでしょうね。心は色の奴隷になっている。色が主人で、私の心を勝手に動かしている。

滝を見て楽しくなりたいと期待して何時間も山道を歩いたのに、滝を流れる水が枯れていたら、「ああ、せっかく来たのに、なんてことだ」と悲しくなる、ということがあるでしょ？　そうやって、外の物質世界に振り回されて一喜一憂する理由は何なのか。そうやって色を観察すれば、色に支配されている心も発見するでしょう。そして、色に支配されないようにすれば、その心は清らかになるでしょう。

われわれの心を束縛しているのは色ですけど、実際のところ、色は誰も束縛していないんです。滝には「人間を奴隷にしてやろう」などという意図は全くないでしょ？「人間を喜ばしてやろう」なんて、微塵も思っていない。春に咲く桜の花にしても、「木の下でみんなが酒を飲んで酔っ払って、ふざけて、楽しくなるようにしてあげるぞ！」と思って咲いているわけはないんです。咲いた桜には、人を楽しませる意図は全くない。自然法則で咲いただけ。そこで、自分の心の問題が見えてくるでしょ？
ですから、これはどういうことなのかというと、自分の心がすすんで奴隷になっている、ということなんです。世間がやっていることはすべて、すすんで奴隷になることなんです。たとえば、「〇〇地方では桜はいつ満開になるのか」と計算して、「ああ今日は満開だ、早く行って場所取りしなくちゃ」となる。

そうやって色を見ると、みんなの心が奴隷になっていること、依存していること、束縛されていることが明らかに見えるはずなんです。それは、情けないことなんです。しかし、今、私が言った通りに観察すれば、心も自由になっているんです。

——禅僧のエピソードには「花を見た途端に悟りを開いた」とか、「滝の音を聞いてパッと悟った」といったものがありますが、それは「色」に触れて悟ったともいえると思うんですが、どういうことなんでしょうか？

それは修行の結果でしょう。修行に打ち込んで、打ち込んで、最後に目が覚めた瞬間の出来事だけをとって取り上げているだけなんです。箒に石ころがあたり、パンと

古今に見《けん》色《しき》明《みよう》心《しん》し、聞《もん》声《しょう》悟《ご》道《どう》せし当人、ともに弁《べん》道《どう》に擬議量なく、直《ちょく》下《か》に第二人なきことをしるべし。

——道《どう》元《げん》『弁《べん》道《どう》話《わ》』

●昔から今にいたるまで、色（物質）を見ることで心を明らかにし、音声を聞いて道を悟った人は、仏道修行に何のおしはかりもなく、その場で自他の対立がなく、全き自己となる。

いう音を聞いて悟ったといっても、われわれの頭に石を一万個ぶつけたところで、痛いだけで悟ることはできません。

そういうケースでは、悟ったという方々は、長い間、修行をしてきたんです。そこで疲れ切ってしまって、いったん、ちょっと心がリラックスした状態になるんですよ。その瞬間、一切の思考・妄想のない瞬間が訪れて、目覚めてしまう可能性はあります。それは悟りの世界ではごく普通にあることで、禅の世界に特有な神秘的な出来事ではないんです。

本来無一物【ほんらいむいちもつ】

目覚めた人には執着が成り立たない

――スマナサーラ長老も法話の中で時々触れられる六祖慧能《えのう》（中国・唐の禅僧で禅宗第六祖。六三八〜七一三年）の言葉に「本来無一物《ほんらいむいちもつ》」という禅語があります。元のフレーズは「菩提《ぼだい》は本《もと》より樹無し、明鏡《めいきょう》も亦台《またうてな》に非ず。本来無一物、何れの処にか塵埃《じんあい》を惹《ひ》かん」というものです。五祖弘忍《ぐにん》の高弟だった神秀《じんしゅう》が「身は是れ菩提樹、心は明鏡の台の如し。時々に勤めて払拭《ふっしき》し、塵埃を惹かしむること勿《なか》れ」という詩を書いたのに対して、慧能が「本来無一物」と喝破したのだとされています。

埃（塵埃）がある世界というのは現象の世界で、「鏡についた塵をはらう」と言った慧能の兄弟子・神秀は修行のレベルのことを話していたんです。

神秀は修行のレベルでの仏道の理念を表現していて、慧能はその修行の結果を表現しているんですね。

現象世界と現象を乗り越えた境地は、英語だったらphenomenonとnoumenonになります。現象世界はphenomenonの世界で、組み立てられた世界ですから、実体はありません。それがわかった人は現象に執着しないことになるんです。現象に執着しなかったら、何も執着するものはないんです。だから何もやることがなくなってしまう。何も執着していないんだから、埃を拭いたりする必要はないんです。

鏡の埃を拭くのは、鏡に執着しているからでしょ？ 埃はいけないものだと思っているからでしょ？ 修行のレベルをしゃべっているということは、これから悟らなくてはいけないという意味です。

でも、慧能はもう合格して卒業していますから、「また受験勉強をしなくちゃ」ということはないんですね。

――では、これはある意味、本物の証という言葉なんですね。

そうです。ただし、俗世間の人々がこの言葉に乗っかって俗世間で使用すると、とんでもないことになるんです。それはすごく危険なことなんです。仏教はそこにすごく気をつけるんです。俗世間には、善悪の道徳が必要なんです。

――要するに、「本来無一物」と言ってしまうと、善も悪も上も下も何もないということになってしまう。

「何もないんだから、何をやってもいいんだ」というふうに誤解してしまうんです。一般人は素直に「それはよくわからない」というところにいて、「わかるようにしよう」とする努力が必要なんです。道徳というのはそういうことですからね。世間一般の人々は、「わかった、わかった」というふうに無理矢理呑み込んではいけないんです。

――それはある意味で禅語のかかえる欠点、副作用のようなものでしょうか？

そういう危険性があったので、仏教は崩れていってしまった。日本の仏教もどんどん堕落していってしまったんです。べつに特別な修行しなくてもいい、ということになるんですから。「坐れば仏だ」というところまで墜ちてしまう。もう、本来の教えから滑っていますよ。

——言葉にひっかかると、どうしても滑ってしまうと。

禅仏教とテーラワーダ仏教の違うところは、テーラワーダ仏教では、偉そうなことを言って「自分は悟っているんだ」と吹聴することは控えるというところですね。しかし、指導を受けたり教えてもらったりすると、相手にも推測ぐらいはできるかもしれません。

そこで自分が悟ったからといって、悟りの世界から現象世界を見てゴチャゴチャ言うようになると、それはちょっとヤバいことになります。中国では、それをやってしまったんです。慧能さんもそれをやっているんです。

もっとも、慧能さんにとっては仕方のない話です。だって、師匠から宿題を出されたんですから、答えなくてはいけないんです。慧能さんは別に悪いことはしていません。だいたい、自分の理解したことは指導者に報告するものですから。

——それをコピペして他人が使うところから問題が起こるんですね。禅の文化というのは語録などを通じて広がったので、どうしてもそういう弊害はあるかもしれません。

だから、禅というのは、何だかわけのわからない哲学みたいになってしまったんです。

——わけのわからないやりとりを「禅問答」と揶揄的に言ったりすることもあります。「わからなければわからないほど深い」というようになってしまってもいます。

実際、禅の教えというのは浄土教のようには明確ではないんです。真言宗にしても教えは明確で、仏説から見たら間違っているかもしれませんが、体系的にはなっています。

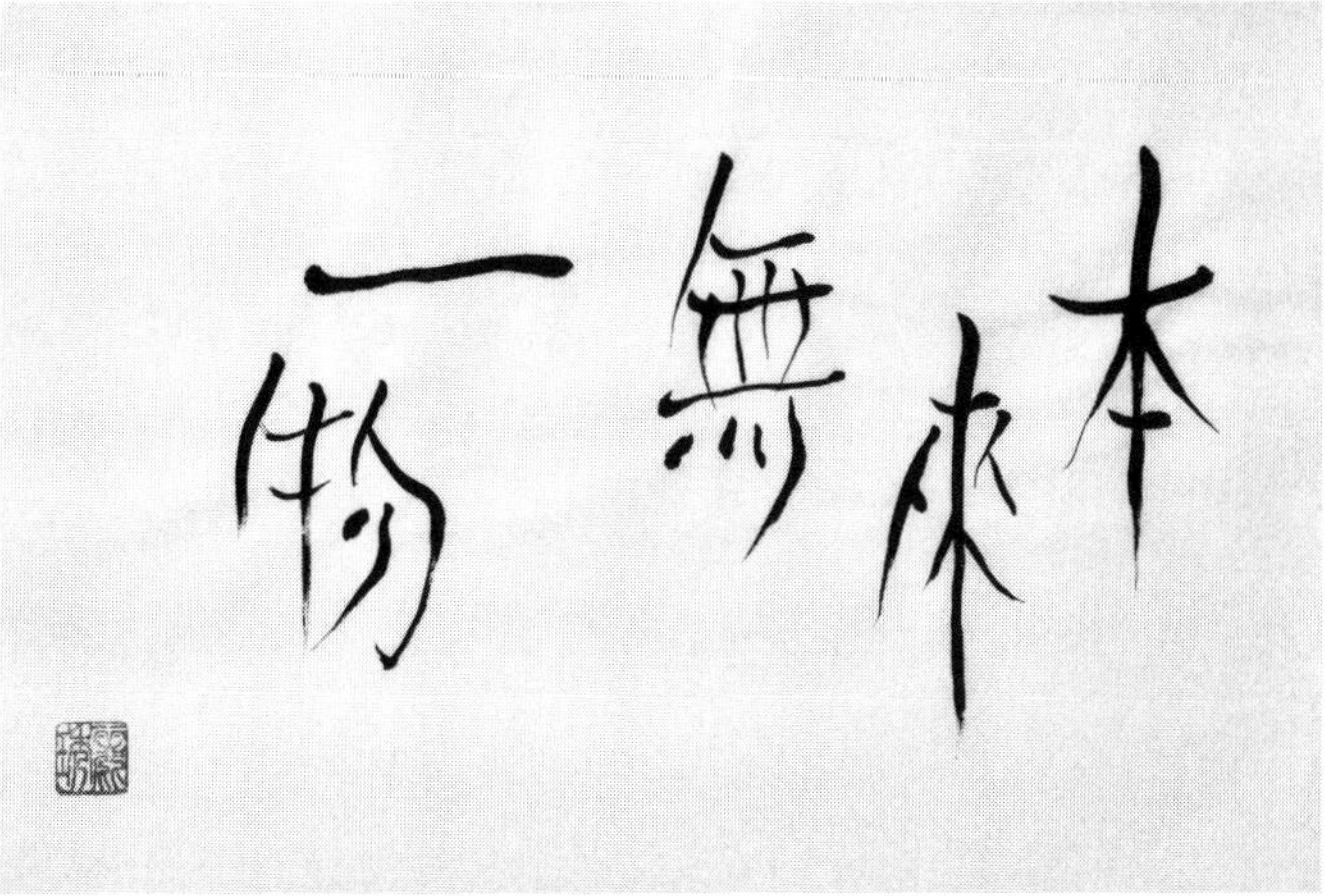

菩提《ぼだい》は本《もと》より樹無し、明鏡《めいきょう》も亦《また》台《うてな》に非ず。
本《ほん》来《らい》無《む》一《いち》物《もつ》、何れの処にか塵《じん》埃《あい》を惹《ひ》かん。

――『六《ろく》祖《そ》壇《だん》経《きょう》』上

●身も心もなく、本来、すべては妄想なのだから、
いったいどこに煩悩《ぼんのう》の塵がつくというのだろうか。

ブッダの言葉には副作用はない

——では、慧能に負けたという神秀さんの作品「身は是れ菩提樹、心は明鏡台の如し。時々に勤めて払拭し、塵埃を惹かしむること勿れ」ですが、これも修行者の戒めとしてはあながち間違ってはいないという理解でよろしいのでしょうか？

あくまで修行のレベルにおいては、そうですね。それでも、言い方が間違っていますよ。だって、修行の終わりがないでしょ？　どこまで塵を払えばいいんですか？　結局、終わりのない修行になってしまうんです。死んでも修行するというような話ですから、道徳的なアドバイスをしたことにはならないんです。

——それに対して、慧能の言葉がボーンと爆弾のように落とされた。

それはもう、卒業者の言葉ですからね。

ちなみに、神秀さんが出すべきだった正しい答えは、パーリ経典にちゃんと書いてありますよ。

Pamādo《パマードー》 rajo《ラジョー》 pamādo《パマードー》, pamādānupatito《パマーダーヌパティトー》 rajo《ラジョー》;
放逸《ほういつ》は塵垢《じんく》である。放逸によって塵垢がつもる。
Appamādena《アッパマーデーナ》 vijjāya《ヴィッジャーヤ》, abbūḷhe《アッブールヘー》 sallamattanoti《サッラマッタノーティ》.
不放逸によって、また智慧によって、自分にささった矢を抜け。
（『スッタニパータ』「精励経〔Uṭṭhānasutta《ウッターナスッタ》〕」）

このたった二行の偈《げ》の中に、仏道修行のエッセンスとその終着点が完全に示されています。
正等覚者《しょうとうかくしゃ》たる釈尊の言葉には、慧能さんの偈《げ》のような副作用は微塵もないんです。

洗面【せんめん】

心をきれいにする

――道元禅師の『正法眼蔵』には「洗面《せんめん》」というタイトルの巻がありますが、これは要するに「出家はいつも顔を洗ってきれいにしておけ」ということでしょうか？

「洗面」というのは、顔を洗うということではなくて、自分を、心をきれいにするということです。自分の心をきれいにせずにすることは、すべて無礼なんですよ。汚れた心で、主観でやっているんだから。

——では、悟っていないかぎり、みんな無礼ということになるんでしょうか？

そうです。人に「イライラするなよ」と言ったら、無礼です。私の主観を出しているんですから。

べつに「出家は身ぎれいにしなければならない」ということを言っているわけではないんです。もちろん、身ぎれいにはしますが、そんな儀式的なことにかぎっていないんです。

日本は文化的には、形やモノを大事にするということはあります。でも、形をしっかり定めて決める、ということも、無駄な行為です。

モノは自分の形を本来持っています。そちらに、きれい、きれいではない、整える、散らかす、などは成り立ちません。自分の主観を持ち出して、モノの形を壊すことならできますけど、それは自我を割り込ませて、破壊活動をしたことになります。

美しいからと思って、植物を盆栽にする。その中に、悟りも禅も真理も無いんです。あるのは、自我に凝り固まった人が、自然の形を自分の希望に合わせて捻じ曲げたことだけです。逆に考えると、自然に合わせて伸び伸びと成長する松を見ても感動しな

いまだ洗《せん》面《めん》せずは、もろもろのつとめ、ともに無《む》礼《らい》なり。

――道元『正《しょう》法《ぼう》眼《げん》蔵《ぞう》』「洗面」

●洗面をせずに仏事を行うのは、無礼である。

い人が、盆栽の松に感動するんです。

ということは、人は自分の頭の中のイメージに凝り固まっているんです。世間の物質をそのまま放っておいても、自分の主観で美しく感じるように苛めてみても、意味がないんです。なぜならば、人はそのままだからです。人は自分の心も盆栽にしているんです。心を盆栽にしなかったらマズイ、という状態で生きているんです。形を大事にするよりは、心を大事にしたほうがよいのです。しかし、その心は自然に伸びている松のようではなく、盆栽にした松でもないんです。その両方とも極端な態度です。

自然の松が気に入らないから盆栽にする。しかし、盆栽の松はあまりにも苛められて伸び伸びと成長することができなくなっている。では、人はどうするべきなのでしょうか？　答えは、その両極端に走らないことです。でも、その答えは言葉になりません。禅の修行者は、両極端に走らない心をめざしているんです。「洗面」と言えば、顔を洗うだけで、顔を変えて美しく見える盆栽にはしないんです。

美しく見えない自然の松でも、美しく見せるために苛められた盆栽の松でもないんです。ただ、「洗面」のみです。

春は花 夏ほととぎす 秋は月 冬雪さえて 冷しかりけり

【はるははな　なつほととぎす　あきはつき　ふゆゆきさえて　すずしかりけり】

ありのままに観察することの難しさ

——道元が詠んだ和歌に「春は花 夏ほととぎす 秋は月 冬雪さえて 冷《すず》しかりけり」というものがあります（『傘松道詠集《さんしょうどうえいしゅう》』）。ただたんに四季折々の情景を詠んだだけのようにも読めてしまうんですが、どう解釈するべきでしょうか？

あえて解説するべきでしょうかね。

ただの歌なんですが、一般人の歌とは違います。一般人にとっては「何も言ってないでしょ？」となります。「夏はほととぎす」というのは夏の状況で、それから「秋は月」、「冬は雪」と、何も言ってないんですね。

でも、それを狙っているんです。世の中には何も珍しいことはない。ただ現象が流れるだけで、びっくりするところもないし、楽しくなるところもなくて、ただモノは流れる。

春に花が咲いたからといって、びっくりする必要はありません。ただ現象が流れる。それでも、特別に歌を詠んでやろうというのは、愚か者の行為です。夏にほととぎすが鳴いているという現象は、自分がいるかいないかということとは関係なく、流れます。

要するに、これは無我を表現しようとしているんです。「俺はこんなことを言ってやるぞ！」というところはない。だから、すごい歌を作っているんですね。「何も言ってない」ということに気づいてほしいんです。何も言う必要はない。何かを言ったら、それは自分の主観になります。自分がいない場合は、何も言えないんで

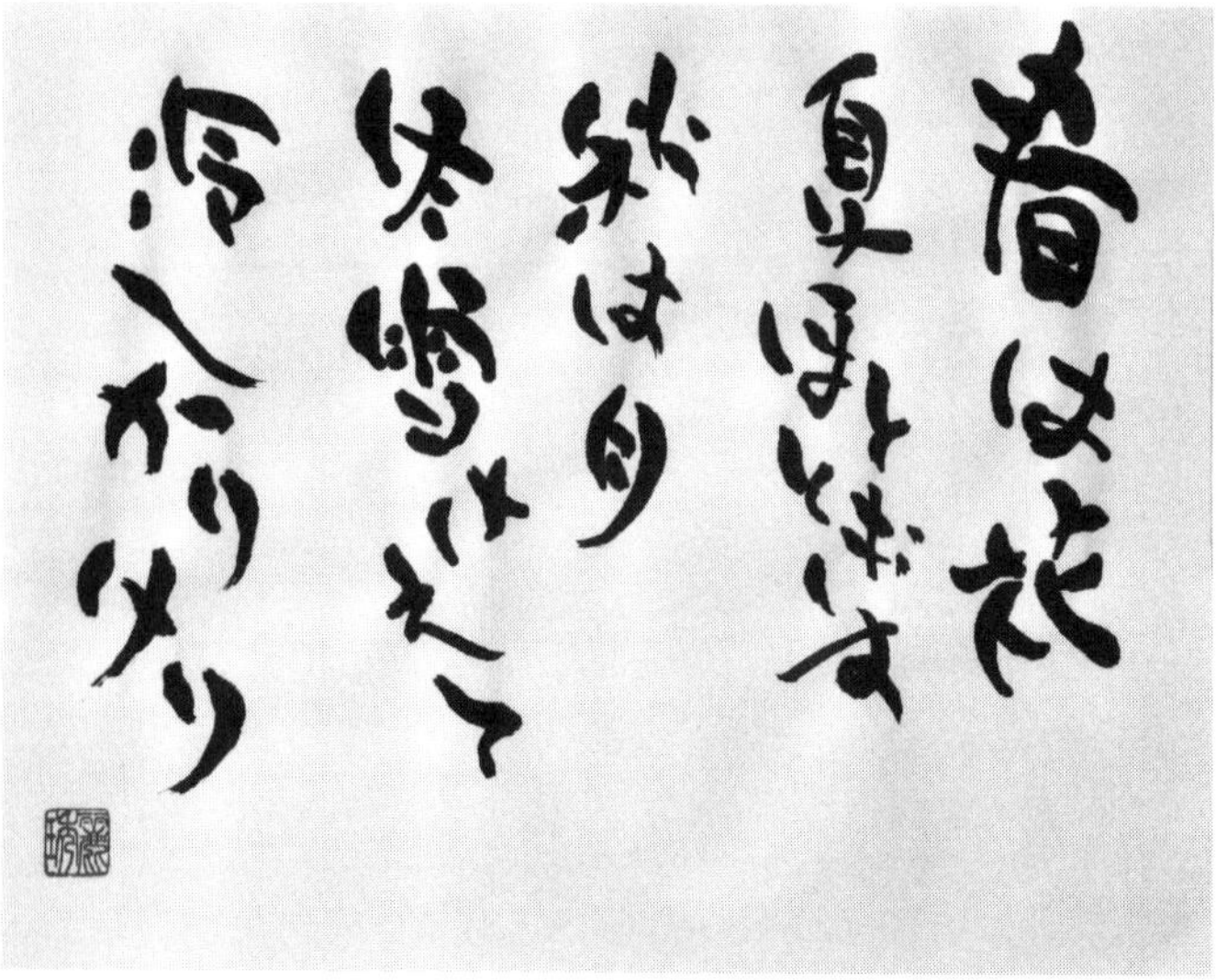

春は花　夏ほととぎす　秋は月
冬雪さえて　冷《すず》しかりけり
――道《どう》元《げん》『傘《さん》松《しょう》道《どう》詠《えい》集《しゅう》』

す。何も言えないことをここで表現しているんです。

おもしろいと思います。テーラワーダ仏教の用語で言うならば、「ありのままに観る」ということですね。

莫妄想【まくもうぞう】

苦の世界から解放される特効薬

――スマナサーラ長老が瞑想指導のときによくおっしゃる「放っておけ」という言葉を漢字で書くと「放下著《ほうげじゃく》」になります。手放しなさい、放っておきなさいという意味ですね。それから、「莫妄想《まくもうぞう》」、妄想するなかれ。これも長老のふだんの教えと共通する禅語だと思います。

そういう禅語はそのままの意味で十分だと思います。「放下著」、放っておきなさい、それから「莫妄想」、妄想しない。

妄想することというのは、仏道修行にとって、もっとも手強い敵なんです。

現象は絶えず、新しい現象を作りながら流れるでしょ？　それは自然法則ですから、人間にはどうすることもできない。地震が起きる。地面が割れる。建物が壊れる。山が崩れる……。そうやって、毎日現象が変わっていく。

そういう自然法則に対して、心が勝手に何かをすることはできません。

妄想というのは、心が勝手に現象を捏造していくことなんです。世間の破壊の流れだけでも大変なのに、世間を認識して生きていて、その認識そのものが妄想しはじめてしまうと、もうありえないほどの苦しみの世界が現れてくるんです。

――客観的な苦ではなくて、自作自演の苦が回転するんですね。

苦というのはほとんど自作自演です。でも、仏教は「悟ったら、石に当たっても痛くないよ」と言っているわけではないんです。何の苦しみもないというのは、何の妄想もないということなんです。

――自分で作り出す苦しみがない、ということでしょうか。

誰かがしゃべっているのを聞いて、「あの人が私を怒鳴っている」と理解することは妄想なんです。その人が実際に怒鳴っているかどうかは関係ない。その人はただ空気を振動させているだけなんです。私の耳に触れるのは空気の振動であって、その人の心が触れているわけではないんです。でも、物理的に空気の振動が触れているだけなのに、そこから妄想して感情をかき回してしまう。

もうちょっと細かく分析すると、妄想を作る前には現象を作らなければいけませんから、空気の振動から音という現象を作り、過去の経験から音を言葉に変換して、その言葉の意味に反応して、それから自我という幻覚も捏造して、「あの人が私を怒鳴っている」「きつい言葉で叱っている」というような妄想をするんですね。

それから自分の心の中に怒り、憎しみ、嫉妬などの波が起きて、苦しみの世界があらわれてくるんです。

でも、ただの空気の振動だと思ってしまえば、それで何ということもないでしょ？

相手が裁判にかけなくてはいけないほどの非難や侮辱をしてきたとしても、ただの

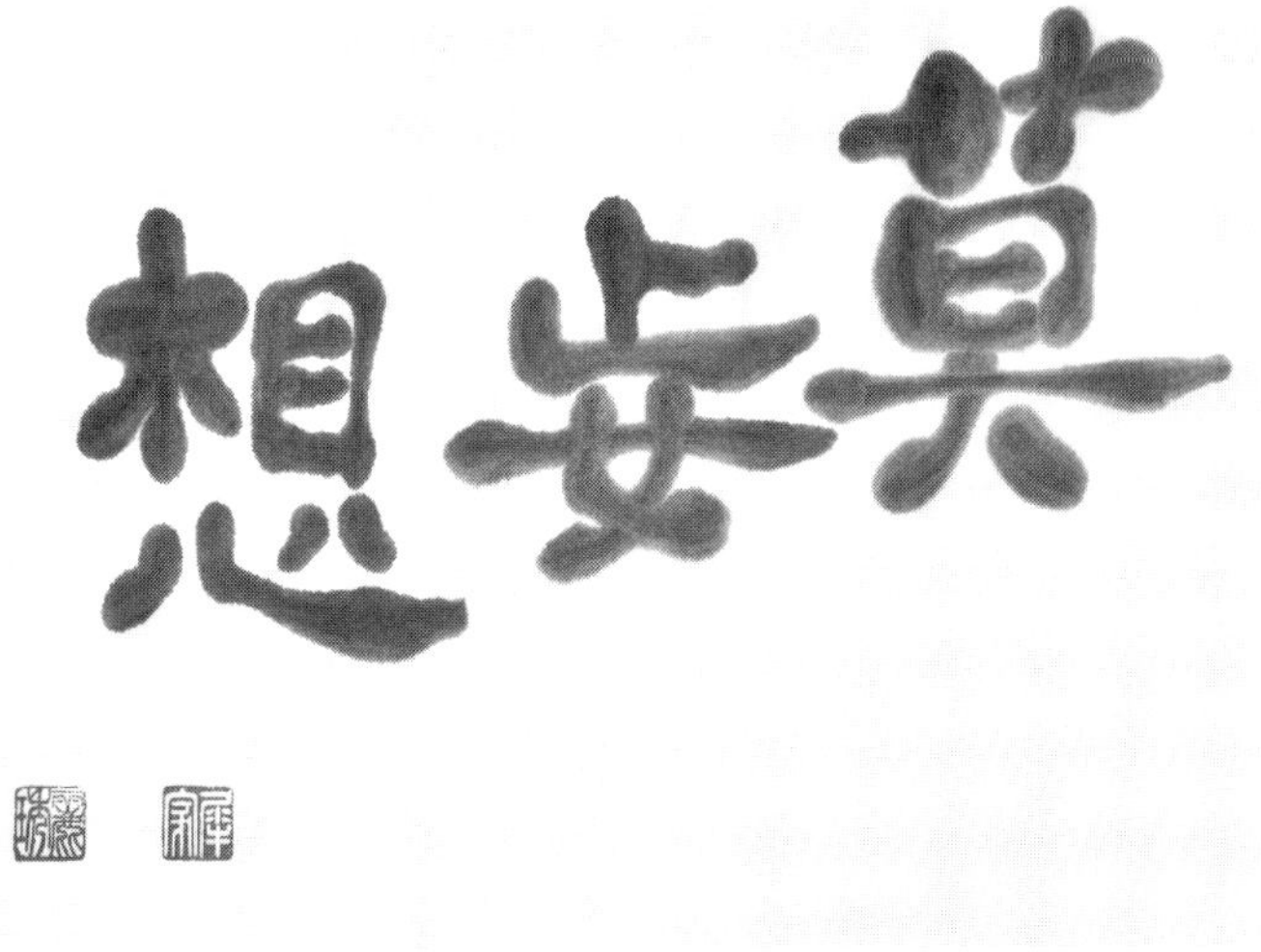

無業《むごう》、一生凡《およ》そ問う所有れば、
只道《い》う、「妄想《もうぞう》すること莫《なか》れ」。

——『碧巌録《へきがんろく》』十九

●無業禅師は、終生、何か尋ねられることがあれば、ただこう答えた。「妄想をするな」。

「音」ということで終わってしまうんです。

だから妄想をストップする能力、妄想しない能力が身についたら、その人は膨大な苦しみの世界から完全に解放されているんです。

かといって、「転んでも痛くないよ」という話ではありません。

放下著【ほうげじゃく】

「捨てること」も捨ててみる

――「放下著《ほうげじゃく》」、放っておくことができるということも、妄想しないということでしょうか？

妄想しないことと放っておくこととは、それぞれポイントが違うキーワードです。仏道修行する人は、最初は「妄想をやめること（莫妄想）」に挑戦するんです。妄想しない訓練をしなくてはいけないんです。そして、修行を続ける途中で、「妄想というのは執着から生まれるんだ」とわかるんです。

問う、「一《いち》物《もつ》不《ふ》将《しょう》来《らい》の時如何《いかん》」。
師云う、「放《ほう》下《げ》著《じゃく》」。

——『趙《じょう》州《しゅう》録《ろく》』中

●「私はすべてを捨てて何ももっていませんが、さてどうしたものでしょうか」と問われると、趙州和尚は言った。「手を放して、捨ててしまえ」。

そもそも自我の錯覚があって、自我に執着しなくなったら、「なんでこいつは俺を怒鳴っているのか」という怒りは出てこないでしょ？

ですから、修行者は「放っておくこと（放下著）」にも挑戦しなくてはいけないんです。執着と妄想というのは仲間だから、相互的に依存しているんです。執着があると妄想する。妄想すると執着が生まれる。だから、どちらかを止めないといけないんです。

——どちらかを止めるということですが、教える場合は、この二つのキーワードはセットで使うわけですね。

そうです。

諸悪莫作　衆善奉行

【しょあくまくさ　しゅぜんぶぎょう】

「善をする」ではなく、「善になる」をめざす

――「諸悪莫作《しょあくまくさ》　衆善奉行《しゅぜんぶぎょう》　自浄其意《じじょうごい》　是諸《ぜしょ》仏教」というお釈迦様の言葉があります。

これは普通に、「悪いことはやめなさい。善いことをしましょう。自分の心を清らかにしましょう。それがブッダたちの教えです」というふうにシンプルに捉えられていますが、いかがでしょうか？

ブッダの言葉というのは完全な言葉ですから、ちょっとわかりにくいということはありえないんです。禅の言葉とは違ってね。

――確かにホッとしますよね。ホッとするというか、よくわかるという感じはします。しかし、そこからもう一歩深く理解するために必要なことは何でしょうか？

中国にもエピソードがあるでしょ？

誰かが偉い禅師様に「あなたの教えは何ですか」と尋ねて、「諸悪莫作、衆善奉行」と答えます。「悪いことをしない、善いことをする」。そんなことは三歳の子供でも知っていますよ」と笑われるんですが、禅師様はニコッと微笑んで答えるんです。「でもね、実践するのは誰にもできませんよ」。それが答えなんですね。簡単な教えだといって貶すなよと。

ブッダには完全たる智慧があったんだから、子供にでもわかる言葉でしゃべるんです。しかし完全な真理を語っているんです。それはブッダにしかできない技なんです。他の人がしゃべると、格調が高くなったり、よくわからない単語になったり、あるいはむちゃくちゃ矛盾だらけの言葉になったりする。

でも、完全に言葉を使えるというのはブッダに特有の能力なんです。いつでもお釈迦様は、それを強調しています。「完全に語っていますよ」と。

だから、われわれもパーリ経典を校訂するときは、ものすごく緊張するんです。「ここはちょっと文法的に直したほうがいいのではないか」と思ったりする場合でも、お釈迦様は完全に語られたのだから、勝手に変えることはできません。文法的に違和感のある文章になっていたとしても、それなりの必然性があるはずですから。

そういうわけで、「諸悪莫作」の偈は子供にもわかる内容です。

しかし、それから修行しなくてはいけない。諸々の悪行為を止めるという精進をしなくてはいけない。

「衆善奉行」は「もろもろの善を行いなさい」という意味になっていますが、パーリ語の原文では「善になりなさい」「善に達しなさい」という意味なんです。「善の世界に入って進みなさい」なんです。ただ単に「善行為をしなさい」と言っているわけではないんです。

悪を止めて善行為をしたからといって、それにもまたキリがないでしょ？　どこま

諸《もろもろ》の悪は作《な》すこと莫《なか》れ、
衆《もろもろ》の善は奉行《ぶぎょう》せよ。
自ら其《そ》の意《こころ》を浄《きよ》くする、
是れ諸仏の教えなり。
——『七《しち》仏《ぶつ》通《つう》戒《かい》偈《げ》』

●悪いことをせずに、善を行い、心を清らかにする。これが諸仏の教えである。

で善行為をすればいいのでしょうか？　鏡についた塵埃をずっと拭き続けるのと同じです。キリがないことは仏説にならないんです。仏説は解脱・涅槃・悟りというゴールを説くものなんですから。

善になってしまえば、それで終わりなんです。善と一体になったら、それが解脱・涅槃・悟りということです。

「自浄其意」というフレーズで、次にその道を、実践のやり方を、「心の汚れを落としてみなさい」と説明しているんです。「善行為をする」というのならわかりやすいんですが、「善になる」というのはわかりにくい。ですから、そのやり方を教えているんです。自分自身で自分の心を観察して、汚れないように「気づく」という実践を続けると、まず悪行為はしなくなります。さらに、自分自身がどんどん善になっていくんです。

――「善をする」ではなくて、「善になる」なんですね。そこは大きな違いですね。

そうです。「是諸仏教」。お釈迦様だけではなくて、悟った方々はすべてそのやり方で悟りに達するんです。

Sabba《サッバ》 pāpassa《パーパッサ》 akaraṇaṃ《アカラナン》, kusalassa《クサラッサ》 upasampadā《ウパサンパダー》,
一切の悪行為をおこなわないこと。善に至ること。
Sacitta《サチッタ》 pariyodapanaṃ《パリヨーダパナン》, etaṃ《エータン》 Buddhāna《ブッダーナ》 sāsanaṃ《サーサナン》.
自らの心を清めること。これが仏陀たちの教戒である。

（『ダンマパダ』一八三偈）

あとがき

パーリ経典にあるブッダの言葉と違って、禅語は「説法している」「真理を語っている」ような感じを与えません。禅語を読んだ人は、「え？　意味は何？」という気持ちになるのです。要するに、それについて集中して考えるはめになるのです。禅語はいとも簡単に人の興味をかきたてます。

ブッダの教えは、精密に理論的に流れるものです。集中して読む人は、新幹線に乗って座っているだけで目的地に着くような感じで進みます。それに対して、禅語は人の理論的な思考の組み立てに挑みかかるのです。禅語の意味を理解したいと思うならば、人間の思考パターンと物事を理解する既定の方法から抜け出さなくてはいけません。

そういうわけで、禅語はブッダの教えとは全く違う手段を取っています。

精密な理論に則って語るお釈迦様の言葉を学んでも、誤解は生じません。異論も生じません。聴く人の主観で解釈して、本来の意味ではなく自分好みの意味に捻じ曲げることも成り立ちません。

禅語には、この安定性がないのです。読んだ人が、しゃべった禅師が思った意味とは全く違った意味で理解してしまう可能性もおおいにあります。また、時間がたつと禅語が別な意味に変わってしまうこともありえるのです。

言葉に対するお釈迦様の態度はこれとは異なります。意味は決して曖昧であってはならないし、語り手の伝えようとする意義は聞き手に正しく伝えられなくてはならない。ブッダは誤解を認めません。

禅の師匠たちはあえて曖昧な言葉で語って、「誤解したらお前の間違いだ」という態度で、人々に「覚悟せよ」と迫るのです。

両者は全く違う立場に拠っています。しかし、ともに解脱の境地を表現しているのではないかと思います。

アルボムッレ・スマナサーラ

さらに知りたい人のためのブックガイド

初期仏教と禅の関係についてもっと知りたい人へ
（スマナサーラ長老の著書または対談書より）

『仏弟子の世間話』（臨済宗・玄侑宗久師との対談）サンガ新書

『般若心経は間違い？』宝島社新書

『出家の覚悟』（曹洞宗・南直哉師との対談）サンガ文庫

『仏教で生きる！』
（曹洞宗元管長・板橋興宗師との対談、聞き手・金光寿郎氏）サンガ

『只管打坐とマインドフルネスとの対話　一仏両祖が目指した坐禅とは』
（スマナサーラ長老、曹洞宗・藤田一照師、早稲田大学人間科学学術院教授・応用脳科学研究所所長・熊野宏昭氏のシンポジウムの記録）曹洞宗総合研究センター
※非売品（曹洞宗総合研究センターに要問合せ）

『テーラワーダと禅』（曹洞宗・藤田一照師との対談）サンガ

初期仏教の経典について知りたい人へ

アルボムッレ・スマナサーラ『原訳「法句経《ダンマパダ》」一日一悟』佼成出版社

アルボムッレ・スマナサーラ『初期仏教経典解説　「日々是好日経」』サンガ

アルボムッレ・スマナサーラ『パーリ経典解説　スッタニパータ　第五章「彼岸道品」』第一巻　サンガ

アルボムッレ・スマナサーラ『慈経／宝経／吉祥経』サンガ

中村元訳『ブッダの真理のことば・感興のことば』岩波文庫

中村元訳『ブッダのことば　スッタニパータ』岩波文庫

中村元訳『ブッダ最後の旅　大パリニッバーナ経』岩波文庫

増谷文雄編訳『阿含経典』（全三巻）ちくま学芸文庫

アルボムッレ・スマナサーラ Alubomulle Sumanasara

スリランカ上座仏教（テーラワーダ仏教）長老。1945年4月、スリランカ生まれ。13歳で出家得度。国立ケラニヤ大学で仏教哲学の教鞭をとる。1980年に来日。駒澤大学大学院博士課程を経て、現在は（宗）日本テーラワーダ仏教協会で初期仏教の伝道と瞑想指導に従事し、ブッダの根本の教えを説き続けている。朝日カルチャーセンター講師を務めるほか、NHK Eテレ「こころの時代」などにも出演。『ブッダの実践心理学　アビダンマ講義シリーズ』『怒らないこと』（以上サンガ）、『原訳「法句経《ダンマパダ》」一日一悟』（佼成出版社）、『ブッダ　大人になる道』（筑摩書房）、『やめたいことは、やめられる。』（河出書房新社）、『Freedom from Anger』（英文、WISDOM PUBLICATIONS）など著書多数。

書家 垂見麗琇 Tarumi Reisyu

1976年、東京生まれ。9歳より昭和の書家・柳田泰雲の弟子・小出秀泉に師事して書を学ぶ。芝・増上寺にて筆供養に参加。各種コンクール・展覧会に作品を出展し、受賞多数。企業・街などに作品を提供し、また映画『真田十勇士』（2016年）のタイトル文字を担当した。

ブッダに学ぶ ほんとうの禅語

2020年2月10日　第1刷発行

著者　アルボムッレ・スマナサーラ
発行人・編集人　内田恵三
編集協力　佐藤哲朗（日本テーラワーダ仏教協会）、古川順弘
カバー写真　田中昭二
図版撮影　丸益功紀
装幀・本文デザイン　Certo Tokyo 岡本佳子
発行所　アルタープレス合同会社
〒185-0014　東京都国分寺市東恋ヶ窪4-8-35
TEL 042-326-4050
FAX 042-633-4712
印刷所　株式会社シナノパブリッシングプレス